Les structures du hasard

Jean-Louis Boursin

Les structures du hasard

Les probabilités et leurs usages

Éditions du Seuil

L'édition originale de cet ouvrage a paru dans la collection
« Le rayon de la science ».
La présente édition est une version mise à jour
et augmentée.

En couverture : photo Erich Hartmann-Magnum.

ISBN 2-02-009235-2
(ISBN 2-02-000213-2, 1ʳᵉ publication)

© ÉDITIONS DU SEUIL, 1966, MAI 1986.

La loi du 11 mars 1957 interdit les copies ou reproductions destinées à une utilisation
collective. Toute représentation ou reproduction intégrale ou partielle faite par
quelque procédé que ce soit, sans le consentement de l'auteur ou de ses ayants cause,
est illicite et constitue une contrefaçon sanctionnée par les articles 425 et suivants du
Code pénal.

1. La géométrie du hasard

Ainsi, joignant la rigueur des démonstrations de la science à l'incertitude du sort, et conciliant ces deux choses en apparence contradictoires, elle peut, tirant son nom des deux, s'arroger à bon droit ce titre stupéfiant : « La géométrie du hasard. »

Blaise Pascal

Le hasard

Ce n'est pas d'aujourd'hui que, las de scruter le vol des corbeaux ou les entrailles des poulets pour tenter de percer le mystère du futur, l'homme a créé des « jeux » qui lui donnaient le même délicieux frisson de l'incertitude pour un enjeu minime, le plus souvent pécuniaire ; le succès du loto est la forme moderne de cet engouement.

Mais, que ce soit crainte d'irriter les divinités ou de se priver d'un pouvoir apprécié, les exploitants du hasard l'ont laissé longtemps en dehors du mouvement scientifique alors que tant de disciplines, parfois plus difficiles ou plus abstraites, progressaient avec une rapidité qui nous étonne encore maintenant.

Qu'est-ce donc que le hasard ? On a pu écrire que ce n'est que la marque de notre ignorance ; jetons en effet une pièce de monnaie et observons le côté qu'elle présente une fois retombée. C'est là une expérience dont il ne paraît pas possible de prévoir le résultat, une expérience aléatoire. Et pourtant la face visible de la pièce est parfaitement déterminée par l'état de l'atmosphère et la façon dont la pièce a été lancée : mais ce qui est important, c'est que d'infimes variations, qu'il est impossible de contrôler ni de provoquer à volonté, dans la façon de jeter la pièce provoquent une variation du tout au tout dans le résultat de l'expérience. Poussons encore davantage cette remarque : si la pièce retombe derrière moi, ce n'est pas sa chute mais l'action de me retourner qui lèvera pour moi l'aspect aléatoire de l'expérience ; avant que je ne me retourne, le côté présenté par la pièce est encore pour moi un résultat d'expérience aléatoire, bien qu'il soit parfaitement déterminé, non seulement dans l'absolu comme précédemment, mais encore pour un observateur qui se serait placé derrière moi.

C'est à cette ignorance qu'on donne le nom de hasard ; mais ce baptême ne serait qu'une pirouette si ce hasard ne se laissait pas mettre en calculs et si la théorie ne permettait aucune application pratique. C'est à ses fruits qu'on reconnaît une théorie et la meilleure preuve de la valeur d'application de la théorie des probabilités, c'est encore l'ordinaire prospérité des compagnies d'assurances dont, pourtant, toute l'activité repose sur une base aléatoire.

Une naissance de mauvaise compagnie

C'est à Blaise Pascal que l'on doit l'élaboration des bases de ce calcul des probabilités ; il semble qu'il se soit intéressé à ce sujet à propos de questions sur les jeux du hasard que lui posait le chevalier de Méré : « Il a très bon esprit, écrivait Pascal, mais il n'est pas géomètre, c'est, comme vous savez, un très grand défaut [1]. »

Certes, le jeu de dés, très à la mode au XVIe siècle, avait inspiré à quelques savants des considérations sur le dénombre-

---

1. A cette époque, on appelait « géomètre » tout savant qu'on appellerait mathématicien de nos jours ; l'expression « un éminent géomètre » qui sert encore à désigner, fût-ce un algébriste, est un héritage de ce mot. De là encore vient le nom de « géométrie du hasard » donné initialement au calcul des probabilités.

ment des chances respectives de joueurs ; parmi eux il faut nommer au moins Galilée. Mais ce ne fut pour eux qu'une distraction passagère, et ils ne tentèrent pas d'approfondir leurs recherches ; c'est une des marques du génie scientifique, de l'Eurêka d'Archimède à la pomme de Newton, que de savoir exploiter des faits ou des observations n'ayant en soi absolument rien de nouveau ni d'original.

L'une des questions du chevalier était celle-ci : « Supposé qu'on joue plusieurs fois de suite avec deux dés, combien faut-il de coups au moins pour qu'on puisse parier avec avantage que, après avoir joué ces coups, on aura amené *sonnez* ? » (c'est-à-dire double six). En langage moderne, la solution de ce problème nous paraît extrêmement simple (au besoin le lecteur pourra sauter ce paragraphe pour y revenir après la lecture du troisième chapitre).

Dans un premier temps, supposons qu'on ne joue qu'avec un seul dé. La probabilité de *ne pas amener* 6 en un coup est 5/6, celle de ne pas amener 6 en deux coups est de :

$$(5/6) \times (5/6) = (5/6)^2.$$

(On peut trouver cette valeur directement en remarquant que sur les 36 combinaisons qu'on peut amener en deux coups de dé, il y en a onze qui contiennent au moins un 6, soit le double six et

1 et 6	2 et 6	3 et 6	4 et 6	5 et 6
6 et 1	6 et 2	6 et 3	6 et 4	6 et 5

par suite, il y en a 25 qui ne contiennent pas de 6, d'où la probabilité 25/36.)

De même en trois coups, cette probabilité est $(5/6)^3$ et ainsi de suite. Par conséquent, la probabilité d'amener au moins un six est :

en 1 coup	$p = 1 - 5/6$	soit environ 0,17
en 2 coups	$p = 1 - (5/6)^2$	soit environ 0,31
en 3 coups	$p = 1 - (5/6)^3$	soit environ 0,42
en 4 coups	$p = 1 - (5/6)^4$	soit environ 0,52.

C'est donc à partir de 4 que la probabilité dépasse 1/2 ; autrement dit, il est avantageux de parier d'amener 6 en quatre coups mais désavantageux de faire ce même pari pour trois coups seulement.

S'il y a deux dés au lieu d'un, et qu'on veuille amener, au lieu du six le double six, on raisonne exactement de la même manière en remplaçant la fraction 5/6 par la fraction 35/36 : en effet, sur les 36 configurations possibles, une seule est *sonnez*. Tout se passe comme si on jouait avec un dé à 36 faces, chacune portant un ensemble de deux numéros entre 1 et 6 (signalons tout de même que la réalisation physique d'un tel dé poserait des problèmes bien délicats : il n'existe pas de polyèdre régulier de 36 faces ; mais des papiers dans un chapeau feraient tout aussi bien l'affaire). Ainsi, la probabilité d'amener *sonnez* est :

$$\text{en 1 coup} \qquad p = 1 - 35/36$$
$$\text{en 2 coups} \qquad p = 1 - (35/36)^2.$$

Le calcul des valeurs numériques, pour 3, 4, 5... coups est long et ennuyeux ; mais, aujourd'hui nous disposons de moyens électroniques, ordinateurs, calculatrices, dont Pascal ne disposait pas : c'est pourtant en 1645, soit près de neuf ans avant cette correspondance avec le chevalier de Méré, que Pascal mit au point la fameuse machine arithmétique, la Pascaline. Les ordinateurs d'aujourd'hui fonctionnent encore selon les principes de cet ancêtre, mais il semble que Pascal ait surtout considéré sa machine comme un auxiliaire du commerce et non du calcul scientifique.

Donnons les deux résultats les plus utiles de cette suite de calculs :

$$\text{en 24 coups} \qquad p = 1 - (35/36)^{24} \qquad \text{soit environ } 0{,}49$$
$$\text{en 25 coups} \qquad p = 1 - (35/36)^{25} \qquad \text{soit environ } 0{,}51$$

Il est donc avantageux de parier d'amener *sonnez* en 25 coups, mais désavantageux de faire le même pari pour 24 coups seulement.

Le chevalier, qui, on l'a dit, n'était pas géomètre, trouvait ce raisonnement paradoxal et y voyait une preuve de la fausseté des raisonnements de Pascal :

« Il me disait donc qu'il avait trouvé fausseté dans les nombres pour cette raison : si l'on entreprend de faire 6 avec un dé, il y a avantage de l'entreprendre en 4... Si l'on entreprend de faire sonnez avec deux dés, il y a désanvantage de l'entreprendre en 24. Et néanmoins, 24 est à 36 (qui est le nombre de faces des deux dés) comme 4 est à 6 (qui est le nombre de faces d'un dé). Voilà quel était son grand scandale, qui lui faisait dire hautement que les propositions n'étaient pas constantes et que l'arithmétique se démentait. »

La faute du chevalier de Méré est des plus banales et elle fournit plus des trois quarts des casse-tête en forme de paradoxes mathématiques que publient les hebdomadaires pour la jeunesse. Voici un autre exemple d'une faute de cet ordre. Un client ouvre un compte à une banque en y déposant cent francs. Il y fait des retraits successifs de :

	60 F	et le solde est alors de		40 F	
	14 F			26 F	
	1 F			25 F	
	20 F			5 F	
	2 F			3 F	
	2 F			1 F	
soit	99 F	au total	soit	100 F	au total

Qu'est devenu le franc manquant ?

C'est encore un argument du même ordre qu'emploie ce personnage de Courteline qui s'indigne qu'on lui réclame 6 sous pour prendre l'omnibus alors que pour 4 sous on peut se faire servir une excellente absinthe. Dans les trois cas, l'objection n'a aucun rapport, sinon de pure apparence avec la question posée. Pour la banque, il n'y a pas la moindre raison pour que la somme des soldes partiels soit égale au total des retraits : on peut s'en assurer en imaginant que le compte est vidé par dix chèques de dix francs, auquel cas les soldes successifs sont 90 F, 80 F... 20 F, 10 F et leur somme est 450 F. De même pour les dés c'est pure coïncidence que 4 soit à 24 dans un même rapport que 6 à 36 : on peut s'en assurer en imaginant la même expérience faite avec des dés en forme de tétraèdre régulier, c'est-à-dire à 4 faces.

La seconde question du chevalier était bien plus difficile : c'est le fameux problème des « partis ». Deux joueurs décident d'interrompre le jeu avant le terme convenu ; comment

Les structures du hasard

doivent-ils, suivant l'avancement de la partie, partager l'enjeu pour rester équitables ? Voici la solution qu'en donne Pascal dans une lettre qu'il écrivait le 29 juillet 1654 à Pierrre de Fermat, conseiller au Parlement de Toulouse :

« Voici à peu près comme je fais pour savoir la valeur de chacune des parties quand deux joueurs jouent, par exemple, en trois parties et que chacun a mis 32 pistoles au jeu. Posons que le premier en ait deux et l'autre une ; ils jouent maintenant une partie dont le sort est que, si le premier la gagne, il gagne tout l'argent qui est au jeu, savoir 64 pistoles ; si l'autre la gagne, ils sont deux parties à deux parties, et par conséquent, s'ils veulent se séparer, il faut qu'ils retirent chacun leur mise, savoir chacun 32 pistoles. Considérez donc, Monsieur, que si le premier gagne, il lui appartient 64 ; s'il perd, il lui appartient 32. Donc s'ils ne veulent point hasarder cette partie et se séparer sans la jouer, le premier doit dire : " Je suis sûr d'avoir 32 pistoles car la perte même me les donne ; mais pour les 32 autres, peut-être je les aurai, peut-être vous les aurez ; le hasard est égal ; partageons donc ces 32 pistoles par la moitié et me donnez, outre cela, les 32 pistoles qui me sont sûres. " Il aura donc 48 pistoles et l'autre 16. »

Pascal examine ensuite des cas plus compliqués, où il reste deux, puis trois parties à jouer. Dans le même temps, Fermat résolvait le problème par une méthode toute différente et trouvait le même résultat, ce qui fut pour Pascal un vif encouragement : « Je vois bien, écrivait-il, que la vérité est la même à Toulouse qu'à Paris. »

Avec cette correspondance, une nouvelle science était née ; sa malchance fut de naître à peu près en même temps que les découvertes prestigieuses du XVIIe siècle, la géométrie analytique, le calcul infinitésimal, la gravitation universelle, qui polarisèrent l'attention du monde savant. Cependant, en 1657, Huyghens publia le premier traité de cette « subjugation de l'incertitude du sort aux lois de la raison et de la géométrie ».

Christian Huyghens était encore peu connu (il n'avait que 27 ans). Après avoir fait ses études à l'université de Leyde, il quitte son pays en 1655 pour venir parfaire à Paris son éducation de gentilhomme. C'est là qu'il fut mis au courant des premiers problèmes de calcul des probabilités, par Roberval, que Pascal tenait soigneusement au courant de ses discussions sur ce sujet. Son petit traité *Van Rekeningh in spelan van Geluck (le Calcul dans les jeux du hasard)* devait constituer l'un de ses premiers pas vers la renommée : en 1666, il figure au nombre des savants que Louis XIV réunit dans la première Académie des sciences. Il ne put, hélas, mener en France jusqu'à son terme cette brillante carrière : la révocation de l'édit de Nantes le fait retourner en Hollande, d'où il n'aura plus aucune relation avec la France ni avec l'Académie des sciences.

Il est vraiment étonnant que cette théorie aux humbles origines, née de la curiosité d'un joueur, se soit peu à peu hissée au premier rang, au point qu'il n'est pas ou peu de sciences, de nos jours, qui puisse se passer du calcul des probabilités ou de ses applications : statistique, démographie, ethnologie, biologie, astronomie, philologie, médecine, géologie, mécanique, électricité, optique, économétrie... La meilleure preuve de cette véritable invasion, nous la trouverons dans le fait que l'enseignement du calcul des probabilités est dispensé non seulement dans les facultés des sciences, mais aussi dans les facultés de médecine et de pharmacie, dans les facultés de droit et même dans les facultés de lettres. Je ne suis pas certain que les facultés de théologie soient épargnées par la vague : qui n'a pas lu d'enquêtes statistiques sur la pratique religieuse et ses variations en fonction de divers paramètres, âge, niveau culturel ou social... L'École pratique des hautes études a vu dans ses séminaires une étude statistique sur la fréquence de certains mots dans l'évangile de saint Marc, une autre sur l'âge des enfants au jour de leur baptême...

Une adolescence bien entourée

Bien entendu, ni Pascal ni Fermat ne pouvaient prévoir l'immense essor de leur commune découverte. En 1666, Leibniz, alors âgé de 20 ans, se montre plus enthousiaste, mais il ne rencontre qu'un intérêt poli quand il publie son *De Arte combinatoria (l'Art combinatoire)* ; quelques années plus tard il donne les premières applications aux questions économiques, tandis que c'est à l'astronome anglais E. Halley que revient d'avoir dressé les premières tables de mortalité et de les avoir utilisées pour l'étude des probabilités de survie d'une personne ou d'un groupe de personnes. En fait, le siècle s'achevait, et, selon le mot de Fontenelle, « l'analyse des hasards restait un vaste pays inculte ».

Elle allait bientôt prendre sa revanche en attirant à elle les plus grands noms des mathématiques.

En 1714 paraît l'ouvrage de Jacques Bernoulli, *Ars conjectandi,* œuvre posthume, publiée par un autre membre de cette famille qui n'a pas donné à la science moins de huit mathématiciens de talent, Nicolas Bernoulli. Cet ouvrage capital contient la première formulation de la loi des grands nombres, cette fameuse loi dont tout le monde parle sans savoir au juste ce qu'elle contient. On l'appelle aussi « théorème de Bernoulli » ou « loi empirique du hasard » et, très grossièrement, elle peut s'énoncer ainsi : « Il est très peu probable que, si l'on fait un nombre suffisamment grand d'expériences, la fréquence d'un événement s'écarte notablement de sa probabilité. » Bien entendu cet énoncé peut recevoir une formulation mathématique précise et il est encore actuellement à la base de toutes les applications pratiques du calcul des probabilités. Si simple et imagé que soit cet énoncé, il n'est peut-être pas inutile de gloser un peu. Prenons l'exemple du jeu de pile ou face ; la probabilité de l'événement « la pièce retombée laisse voir le côté pile » est de 1/2. Sur 1 000 jets, la loi des grands nombres n'affirme pas qu'on observera 500 fois le côté pile : cela est même assez peu probable ; mais elle dit qu'un écart important par rapport à 500 est peu probable. Encore faut-il s'entendre sur ce qu'on appelle écart important : il s'agit d'écart relatif ; par exemple sur 10, 100, 1 000, 10 000, 100 000 jets, les nombres de succès suivants

| 4 | 55 | 455 | 4 624 | 51 216 |

présentent des écarts de

| 1 | 5 | 45 | 376 | 1 216 |

de plus en plus grands, alors que les écarts relatifs

$$0,1 \qquad 0,05 \qquad 0,045 \qquad 0,0376 \qquad 0,01216$$

sont de plus en plus faibles ; on peut dire aussi que les fréquences

$$4/10 \quad 55/100 \quad 455/1\,000 \quad 4\,624/10\,000 \quad 51\,216/100\,000$$

sont de plus en plus voisines de 1/2.

Un autre neveu de Jacques, Daniel Bernoulli, a le premier appliqué le calcul des probabilités à la médecine en étudiant statistiquement l'influence de la vaccination antivariolique sur la durée de la vie humaine. Presque simultanément, Buffon publie son *Essai d'arithmétique moral* ; l'essentiel des idées nouvelles contenues dans cet ouvrage avait déjà été publié en 1733, lorsque Georges-Louis Leclerc, comte de Buffon, présenta à l'Académie des sciences son premier travail (ce qui lui valut d'être admis au sein de l'illustre assemblée alors qu'il n'avait pas 26 ans). Il y donne le premier exemple de probabilité géométrique qui est resté justement célèbre sous le nom de l'« aiguille de Buffon ». Nous étudierons ce problème au chapitre 6. C'est encore à Buffon que l'on doit la première étude sur les jeux publics : il a montré explicitement par le calcul ce que l'empirisme avait montré depuis longtemps, à savoir que ces jeux sont peu favorables au public. Ce sain principe n'a pas tellement évolué depuis l'époque de Buffon : en 1984, les Français ont joué 30 milliards aux courses (PMU), 11 milliards au loto, 1,2 milliard à la Loterie nationale, 32 milliards dans les casinos, dont plus de la moitié à la seule roulette. Sur ces différents enjeux, les prélèvements de l'État ont représenté plus de 23 milliards de francs, deux fois le produit de la vignette automobile. Cela rappelle un souvenir tenace au ministère des Finances : celui de l'année 1804 où la loterie avait rapporté davantage au Trésor que les impôts.

Dans nos casinos, le jeu de boule comporte neuf numéros et chaque numéro sorti est payé huit fois ; c'est-à-dire que la direction s'assure un avantage de 1/9 soit 11 %. Mais tout compte fait, qui viendrait s'en plaindre ? Personne ne donne son argent que volontairement, ce qui n'est pas une caractéristique courante des revenus de l'État, même si l'impôt est supprimé et remplacé par une « contribution ».

Un autre savant, britannique celui-là, mérite une place de choix dans notre anthologie : Thomas Bayes. Il a exposé et résolu, dans un mémoire d'ailleurs posthume, l'important problème de « probabilité des causes » dont on peut énoncer un exemple, grâce au schéma des urnes, cher aux probabilistes : « Deux urnes A et B contiennent des boules, blanches et noires, en quantités connues. Une boule est tirée au hasard de l'une des urnes et elle est noire ; quelle est la probabilité pour qu'elle ait été tirée de l'urne A ? » On conçoit aisément que, si A contient 90 % de boules noires et 10 % de blanches, tandis que B contient 10 % de noires mais 90 % de blanches, il y ait de fortes chances pour que la boule noire tirée provienne de l'urne A. C'est ce « fortes chances » qu'explique et que précise la théorie élaborée par Bayes. Nous résoudrons un tel problème et quelques autres plus compliqués au cinquième chapitre, mais on imagine sans peine dès maintenant la grande importance de cette théorie, par exemple en biologie pour les problèmes d'hérédité.

Mais, c'est avec Laplace que la théorie des probabilités prend un essor qui ne s'est plus jamais ralenti jusqu'à l'époque contemporaine. Né en 1749, Pierre Simon, marquis de Laplace, commença sa carrière comme professeur de mathématiques à l'école militaire de Beaumont ; il joua un rôle important comme conseiller de la Convention et participa à la création de l'École normale supérieure (ainsi que de sa voisine, l'École polytechnique). Au cours de sa longue carrière, il a publié un grand nombre de mémoires sur la théorie des probabilités, et c'est seulement à l'âge de 63 ans qu'il entreprit de réunir ces travaux dans un ouvrage monumental, tant par son importance scientifique que par son volume matériel (plus de 800 pages in-quarto), *Théorie analytique des probabilités*. Les découvertes et les méthodes de Laplace sortent, par leur technicité, du cadre nécessairement limité de notre tour d'horizon, sauf peut-être la fameuse « loi exponentielle des écarts » qui apporte une précision considérable à la loi des grands nombres. Elle permet par exemple, nous le verrons plus loin, de répondre à la question suivante : dans une série de mille coups de pile ou face, quel est l'intervalle dans lequel on a une chance sur deux de voir tomber le nombre de « pile » ? La loi des grands nombres nous laisse espérer que cet intervalle n'est pas très grand de part et d'autre de 500. La loi de Laplace nous permet d'affirmer : il y a une chance sur deux pour que le nombre de « pile » soit compris entre 490 et 510.

C'est à partir de cette loi exponentielle que la courbe de Laplace, appelée aussi courbe de Laplace-Gauss ou simplement courbe en cloche, a acquis sa célébrité. Elle représente graphiquement les variations de la fonction $y = e^{-x^2}$ (e est un nombre très usité en analyse qui vaut environ 2,718).

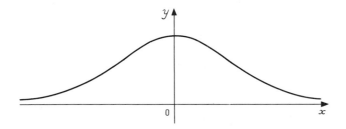

Les aspects techniques de cette loi des écarts seront examinés plus loin.

Les progrès ainsi imprimés par Laplace et ses continuateurs immédiats, Legendre et Gauss, étaient si considérables qu'après eux c'est surtout un travail de critique et d'affinement, de précision et de mise en ordre qu'il restait à accomplir. A cette théorie qui voyait naître d'elle des développements, des applications, des prolongements d'un niveau technique et mathématique si élevé, il manquait toujours des bases solides. La situation était un peu comparable à celle de l'enseignement de la géométrie dans les classes de nos lycées : on commence par découper, décalquer, superposer des figures de la façon la plus empirique qui soit, puis petit à petit, au fur et à mesure que l'élève franchit de nouvelles classes, la complexité des problèmes et des raisonnements augmente. On en arrive ainsi à des théorèmes aussi techniques que le théorème de Ménélaüs ou le fameux cercle des neuf points du triangle, responsable de tant de migraines. Et pourtant, au moins dans le déroulement de l'exposition pédagogique, ces savantes constructions ne reposent que sur le sable !

Cet effort de remise en question n'est d'ailleurs pas particulier à la théorie des probabilités ; toute une succession de mathématiciens, depuis la fin du XIXᵉ siècle jusqu'au Nicolas Bourbaki d'aujourd'hui s'y sont appliqués pour l'ensemble des connaissances mathématiques. En probabilités, grâce en particulier à Bertrand, Tchebitchef, Poincaré et plus près de nous, Borel, Fréchet, Dugué..., cet effort a permis l'explosion de connaissances à laquelle on assiste aujourd'hui. Bâtie enfin sur un sol résistant, la théorie des probabilités peut déchaîner ses ambitions — j'allais écrire « peut voguer à pleines voiles » ! — ; notre époque, surtout depuis la guerre, est marquée par une telle profusion de recherches et publications que leur seule histoire exigerait un volume entier.

Telle est la rançon de l'accélération vertigineuse du progrès scientifique que nous sommes obligés, pour en prendre conscience, de renoncer à la sérénité de la continuité historique des découvertes ; il faut sauter à pieds joints au cœur d'une théorie déjà presque achevée, du moins dans ses fondements.

C'est ce saut que nous allons maintenant accomplir ensemble.

2. Qu'est-ce que la probabilité ?

Toute pensée émet un coup de dés.

Stéphane Mallarmé

Nous allons dans ce chapitre examiner les concepts et les questions qui sont à la base du calcul des probabilités. Il est un certain nombre de mots dont nous ferons grande consommations ; en ce cas, il n'est peut-être pas inutile de faire les présentations.

Comme nous l'avons vu, l'objet du calcul des probabilités est l'étude d'expériences aléatoires, c'est-à-dire dont il ne paraît pas possible de donner à l'avance le résultat ; il est de tradition d'appeler « événement » le résultat d'une expérience aléatoire. A la roulette par exemple, la sortie du rouge est un événement. Quant au mot « expérience », il ne faut pas le prendre dans un sens trop étroit : n'imaginons pas le savant Cosinus enfilant sa blouse blanche avant de commencer une « expérience » ; c'est, plus passivement, la description d'un mode d'intervention du hasard. Une partie de roulette, un coup de dé, l'attente du numéro minéralogique de la première voiture qui passera ici après minuit, voilà à notre sens des expériences : en probabilité, l'expérience n'exige pas d'expérimentateur actif, mais surtout un observateur.

Arrivons au plus épineux : probable, probabilité, nombre de chances, ce sont des expressions que le langage emploie fort couramment :

« Il est probable qu'il pleuve ce soir. »

« J'ai fort peu de chances d'être reçu à mon permis de conduire. »

« Monaco a de grandes chances de battre le Racing. »

« Un nouveau-né a une chance sur deux d'atteindre 67 ans. »

Le sens donné à ces mots reste assez confus : s'agit-il d'une confiance plus ou moins grande dans la réalisation de l'événement annoncé ? S'agit-il d'une affirmation d'ordre purement statistique (par exemple dans le dernier cas cité, cette phrase signifierait que : sur un million de nouveau-nés, 500 000 atteindront l'âge de 67 ans. On pourrait même enlever tout aspect incertain à cette proposition en la transposant aux enfants nés pendant l'année 1800).

Voici un demi-siècle, et même aujourd'hui dans certains cours élémentaires, on définissait ainsi la probabilité numérique :

« La probabilité d'un événement est le rapport du nombre de cas favorables à la réalisation de l'événement au nombre total de cas, supposés tous également possibles. »

Par exemple, la probabilité de tirer un as d'un jeu de cartes bien battu est :

$$p = \frac{4}{52},$$

puisqu'il y a 52 tirages également possibles dont 4 seulement sont favorables.

Les faiblesses d'une telle définition sont évidentes ; car que veut dire « également possibles » sinon « également probables » ? Et que signifie « également probables » sinon « de probabilités égales » ? Le cercle est fermé ! Cette définition peut se comparer à la boutade bien connue qui définit le point comme limite d'une sphère dont le rayon tend vers 0 (et bien entendu, la sphère comme l'ensemble des *points* situés à une même distance d'un *point* fixe appelé centre !).

La difficulté n'avait pas échappé à Poincaré qui eut le grand mérite de ne pas la dissimuler sous un déluge de mots mais, au contraire, de la mettre en évidence et de l'accepter : « On ne peut guère donner, écrit-il dans son traité de calcul des probabilités, une définition satisfaisante de la probabilité... Il y a là quelque chose de mystérieux, d'inaccessible au mathématicien. » C'est se montrer là bien pessimiste !

A l'autre extrême, certains ont vu dans cette difficulté un

paradoxe d'ordre purement linguistique. La même difficulté se présenterait dans toute science à ses débuts ; c'est ce que Gonseth appelle le paradoxe du langage : comment donner à un mot un sens nouveau sans utiliser ce mot lui-même ?

D'une manière générale, une théorie mathématique ou scientifique a pour origine, proche ou lointaine, l'observation par l'homme de certaines permanences d'effet : chaque fois que je mets une bouilloire sur le feu, j'observe qu'après un certain délai, le couvercle se soulève et laisse échapper de la vapeur ; chaque fois que je laisse ouvert un flacon d'éther, je le retrouve vide le lendemain. Ces permanences peuvent être à terme plus ou moins long : les semailles à l'automne n'auront d'effet appréciable qu'au printemps...

Ces observations déterminent alors un double comportement humain. D'abord un comportement que Neyman appelle inductif, mais qu'avec Aristote [1] nous préférerons qualifier d'empirique : le comportement est bien acquis grâce à l'expérience, mais sans qu'intervienne un raisonnement conscient. Ainsi, jamais je ne mets sur le feu de bouilloire hermétiquement close ; je rebouche toujours le flacon d'éther ; je ne consomme pas tout le blé d'une récolte mais je garde des semences pour l'année suivante...

Cependant l'observation de ces permanences d'effet peut aussi déterminer chez certains hommes un comportement plus proprement scientifique : la recherche de causes, ou plutôt d'antécédences, à l'intérieur d'un ensemble logiquement ordonné, qui permettent d'expliquer, ou tout au moins de prévoir certains phénomènes. C'est un tel ensemble qu'on appelle une théorie ; on semble préférer dire aujourd'hui « modèle mathématique ».

Pour construire un tel modèle, on choisit un certain nombre de propositions de base, définitions ou axiomes. Ce choix n'est pas entièrement arbitraire, il dépend en partie du phénomène ou de la classe de phénomènes qu'il s'agit d'étudier. Il n'en reste pas moins une certaine liberté au mathématicien : plusieurs modèles différents peuvent être proposés pour un même fait physique ; cette pluralité est souvent frappante en sciences

1. *Histoire des animaux,* IV, 7, 14.

économiques. Alors il n'est pas exact de dire qu'une théorie est vraie et qu'une autre est fausse, ni même que l'une est plus vraie que l'autre ; elle est simplement plus commode pour étudier certains aspects des phénomènes.

Les définitions et les axiomes posés, le mathématicien peut construire sa théorie et *démontrer* des propositions, c'est-à-dire les déduire correctement des axiomes adoptés : mais il est bien évident que jamais une démonstration mathématique ne peut *prouver* un fait physique. Certes, on peut comparer certaines propositions du modèle à des résultats physiques : s'il y a accord, on dira que la théorie a une valeur pratique. Bien entendu, on espère que cette valeur pratique ne se démentira pas dans l'avenir, et c'est sur cette espérance que repose notre comportement inductif : la théorie dit que les avions ne doivent pas tomber, et, jusqu'à présent, cela ne s'est pas trop mal accordé avec l'expérience... J'espère que cela va continuer, aussi j'accepte de prendre l'avion...

Si l'on admet cette conception « modeste » des mathématiques, bien des discussions perdent, sinon de leur intérêt, du moins de leur aspect passionnel.

Il faut tout de même reconnaître à la théorie des probabilités une place privilégiée parmi les modèles mathématiques, et cela pour plusieurs raisons.

D'abord par son objet même. La théorie des probabilités ne peut jamais prétendre nous donner de certitude puisque ses « intrants » sont précisément des probabilités, nuances entre le vrai et le faux : une théorie est comme une auberge espagnole, on ne peut y trouver que ce qu'on y a apporté. Les vérifications expérimentales qu'elle appelle sont donc toujours délicates et discutables. Même un événement de probabilité faible peut se produire et son avènement n'infirme pas pour autant les calculs ou la théorie ; il ne s'agit pas d'une simple pirouette comme « l'exception confirme la règle » ; sur la valeur pratique de la théorie reposent suffisamment d'entreprises commerciales florissantes pour qu'on la conteste peu. On peut d'ailleurs la défendre avec plus de vigueur, comme l'a fait Émile Borel.

En effet nous disposons, pour mesurer les probabilités, de l'échelle absolue qui fait défaut aux autres applications des mathématiques. En arithmétique, il n'y a pas de grands nombres, ni de petits ; un million est grand s'il s'agit de kilomètres, bien petit s'il s'agit de microns ! A l'inverse, un millionième peut être très grand s'il s'agit d'années-lumière ! Au contraire en théorie des probabilités l'échelle est absolue : 1 est la certitude et 0 l'impossibilité. Cependant, si l'on veut tirer de la théorie un comportement inductif, notamment en ce qui concerne les probabilités très petites, il est nécessaire de tenir compte du nombre de fois qu'il est permis de recommencer l'expérience.

Ainsi, à l'échelle d'un homme, on néglige habituellement les probabilités de l'ordre de 10^{-6}, c'est-à-dire du millionième ; d'ailleurs, si un original ou un maniaque voulait régler sa conduite en tenant compte de telles probabilités, il deviendrait vite fou à lier ! Par exemple, la probabilité pour qu'il meure dans la minute à venir est variable suivant l'âge, mais de cet ordre de grandeur.

Prenons un autre exemple. Au bridge, le nombre de mains possibles est légèrement supérieur à 4×10^{11} (nombre formé d'un 4 suivi de 11 zéros) ; parmi celles-ci 4 sont composées de cartes toutes de la même couleur. La probabilité d'apparition d'une telle main est donc de l'ordre de 10^{-11} : un tel événement est inconcevable (naturellement s'il n'y a pas de fraude) à l'échelle de l'homme [1].

A l'échelle de l'humanité, très sommairement évaluée au milliard d'individus, nous tiendrons pour impossible des événements dont la probabilité est un milliard de fois plus faible, c'est-à-dire de l'ordre de 10^{-15}. A ceux qui jugeraient une telle assimilation abusive, Borel oppose des exemples frappants.

Les singes dactylographes

C'est le plus connu de ces exemples. Borel suppose qu'on a dressé une armée de singes à taper à la machine : ils produisent

---

1. On a prétendu qu'une telle distribution a été néanmoins obtenue, il y a quelques années dans un club londonien.

des lignes de 40 lettres, comme par un tirage au sort. Pour un tirage, quelle est la probabilité pour qu'on obtienne une ligne écrite d'avance, par exemple :

(1) LejournestpasplusclairquelefonddemoncœurR ?

qui est un alexandrin suivi de l'initiale de son auteur (on ne tient alors pas compte des espacements). Cette probabilité est de 26^{-40}, ce qui est de l'ordre de 10^{-56}. Toute autre ligne écrite d'avance aurait d'ailleurs la même probabilité, par exemple :

(2) azertyuiopqsdfghjklmwxcvbnazertyuiopmlkj

De tels ordres de petitesse dépassent l'imagination. Un livre comme celui-ci contient moins de 5 000 lignes ; pour écrire toutes les combinaisons possibles il faudrait donc 2×10^{52} tels livres, dont l'empilement aurait une hauteur de l'ordre de 10^{34} années-lumière, ou encore un volume 10^{27} fois supérieur à celui de la Terre.

Autrement dit, il est impossible d'admettre que la ligne (1) ait été obtenue par tirage au sort, non plus que toute ligne déjà écrite. A plus forte raison, la probabilité pour que, même une armée de singes, tapant au hasard sur des machines à écrire reconstitue un ouvrage de la Bibliothèque nationale doit être tenue pour rigoureusement négligeable.

D'ailleurs, nous tenons habituellement pour absolument certains des événements dont la probabilité est bien moins proche de 1 que notre définition de la certitude à l'échelle d'un homme ou de l'humanité entière ne l'indique.

Pour le dépouillement d'un scrutin, les voix obtenues par chaque candidat sont totalisées séparément par trois personnes qui n'annoncent qu'à la fin du dépouillement le chiffre global de chaque candidat. Si les trois résultats annoncés pour un même candidat sont égaux, nul ne met en doute leur exactitude ; et pourtant…

Écartons toute idée de fraude ; nous admettrons qu'une personne suffisamment attentive ne se trompe pas plus d'une fois sur 1 000. Supposons encore que les résultats soient des nombres de quatre chiffres et que les seules erreurs possibles portent sur un chiffre du résultat : il y a donc environ 40 erreurs de ce type. Alors la probabilité pour que tous les trois se trompent en commettant la même erreur est :

$$\left(\frac{1}{1\,000}\right)^3 \times \left(\frac{1}{40}\right)^2$$

qui est de l'ordre de 10^{-12}.

Bertrand, dans le même ordre d'idées, propose d'observer l'attitude du paysan de l'Antiquité : on lui a dit que, depuis plus de trois mille ans, soit un million de jours, les pères de ses pères ont vu le soleil se lever chaque matin, et qu'il y a donc moins d'une chance sur un million pour qu'il ne se lève pas demain. Cette probabilité est donc de l'ordre du millionième... Remarquons que les progrès de l'astronomie nous ont donné bien d'autres raisons de penser que le soleil se lèvera demain, mais notre paysan les ignorait.

Finalement, toute vérification expérimentale relative à la théorie des probabilités peut se ramener à cela : un événement de probabilité suffisamment faible *ne se produit pas*. Par exemple, au jeu de pile ou face, la probabilité d'amener plus de 6 000 fois le côté « pile » en 10 000 coups est négligeable à l'échelle humaine. Borel franchit le Rubicon en disant qu'un tel événement est impossible.

Cette position laisse cependant subsister deux difficultés. On peut mettre la première en évidence en disant avec Poincaré qu'il n'y a pas de degré dans l'erreur. Tenir pour nul un nombre « grand » ou un nombre k « très petit », par exemple un milliardième est, du point de vue mathématique, une faute aussi grave, car on peut en déduire toute absurdité qu'il nous plaira, comme :

$$2 + 2 = 5.$$

Écrivons en effet

$$k = 0$$

en multipliant par un milliard les deux membres de cette égalité, on obtient en prenant un milliardième pour valeur de k :

$$1 = 0$$

et donc :

$$5 = (2 + 2) + 1 = (2 + 2) + 0 = 2 + 2.$$

Sur le plan logique, l'objection est irréfutable, mais sa valeur pratique est faible. Toutes nos connaissances sont, en effet, entachées d'une certaine imprécision, et nul ne songe à nier en bloc leur utilité.

Imprécision et ignorance sont deux choses fort différentes. C'est un renseignement fort précieux que de savoir que le train de Carpentras passe à 8 h 47 : si j'étais dans l'ignorance totale, je devrais guetter le train toute la journée, tandis que, si imprécise que soit l'heure du passage (dont même la définition est imprécise : est-ce l'heure à laquelle le train entre en gare, et où commence la gare...), le renseignement me permet de n'attendre que peu de temps à la gare.

Ils oublient la différence de nature entre imprécision et ignorance, les plaisantins qui affirment préférer une montre qui ne marche pas à une montre qui retarde d'une minute par jour : la première marque l'heure exacte deux fois par jour, et la seconde environ une fois tous les deux ans !

La seconde difficulté que laisse subsister l'affirmation de Borel se rattache au vieux sophisme du tas de blé. A partir de quelle valeur dirai-je qu'une probabilité est négligeable, au point qu'on puisse énoncer une affirmation aussi sèche : « l'événement est impossible » ? Il serait évidemment absurde de dire qu'un résultat n'ayant qu'une chance contre un million est impossible, mais qu'un autre n'ayant qu'une chance contre 999 999 est possible ; mais alors où s'arrêter ?

De même, un tas de blé reste un tas si on lui enlève un grain ; mais jusqu'où peut-on aller ? Si un million de grains forment à coup sûr un tas, deux grains ni trois n'en constituent un. Où est la limite ? Il n'y a aucun moyen logique de sortir de la difficulté, si ce n'est la définition arbitraire, comme la poserait un mathématicien, ou une administration.

Ainsi, tel, qui a 4 ans demain, voyage gratis sur les lignes de la SNCF ; tel, qui les a eus hier, doit être muni d'un billet. Tel, qui a 1651 points, est reçu à Polytechnique et portera le bicorne ; tel, qui n'a que 1650, est rejeté dans les ténèbres extérieures. La distinction est arbitraire mais elle a le mérite d'exister. Si les mathématiciens avaient eu à parler de tas de blé, l'un d'eux aurait posé : « J'appelle tas de blé tout ensemble d'au moins 47 grains », et la question aurait été tranchée.

Mais en dehors de cette solution « administrative », la seule réponse correcte au sophisme est statistique. Nous ferons un « sondage » en présentant des ensembles de grains à 1 000 témoins.

Nombre de grains présentés				5	10	15	...100	200
Jugent que c'est un tas				2	7	11	528	793
Jugent que ce n'est pas un tas				998	993	989	472	207

La probabilité pour qu'un ensemble de grains soit jugé comme un tas varie insensiblement de l'impossibilité à la certitude lorsque le nombre de grains augmente. Le sophisme du tas de blé provient de la trop grande rigidité du tandem « vrai ou faux », et c'est précisément la raison d'être du calcul des probabilités que de remédier à cette trop grande rigidité.

Les probabilités non négligeables

S'il est donc relativement aisé de donner une signification pratique précise aux probabilités extrêmement petites, les disputes renaissent dès que l'on s'éloigne des frontières de l'impossible ou du certain.

Pour quelques savants, la probabilité est une grandeur physique, accessible aux mesures comme n'importe quelle autre, longueur, poids, temps, etc. Si, par exemple, j'effectue une série de huit mesures successives du poids d'un paquet de sucre en poudre et que j'obtiens en kilogrammes les résultats suivants :

0,507 0,510 0,493 0,491 0,503 0,485 0,513 0,493

l'expérience est assez comparable à une succession de huit parties de pile ou face, chacune comprenant par exemple 1 000 jets. Le rapport du nombre de succès (sortie de pile) au nombre de jets (1 000) étant respectivement pour les huit parties :

0,507   0,510   0,493   0,491   0,503   0,485   0,513   0,493.

Ces rapports (ou : fréquences) sont des mesures approchées — comme toutes les mesures physiques qui ne sont pas de simples dénombrements d'objets facilement discernables — d'une grandeur physique caractéristique du jeu de pile ou face et qu'on appelle la probabilité.

Pour les tenants de cette conception de la probabilité, il n'est pas permis de parler de la probabilité d'un événement isolé et non reproductible comme « Shakespeare n'a jamais existé [1] » ou « Le dernier théorème de Fermat est vrai [2] ». Ces restrictions semblent bien sévères !

Pour d'autres, au contraire, c'est l'aspect subjectif qui est mis en avant ; selon l'expression de B. de Finetti, la signification la plus générale et la plus essentielle de la théorie des probabilités est celle de *logique des jugements subjectifs ;* on ne devrait donc plus parler de la probabilité tout court, mais de la

---

1. N'est-ce pas Alphonse Allais qui a donné une solution définitive en affirmant que Shakespeare n'a jamais existé, et que ses œuvres ont été en réalité écrites par un homonyme ?

2. Le dernier théorème de Fermat s'énonce ainsi. Sauf pour $n = 2$, il n'est pas possible de trouver trois nombres entiers a b c tels que :

$$a^n + b^n = c^n.$$

Pour $n = 2$, cette équation a des solutions, par exemple :

$$4^2 + 3^2 = 5^2.$$

Ce théorème n'a jamais pu être démontré ; on n'a pas davantage pu prouver qu'il est faux, c'est-à-dire trouver un seul exemple de système de trois nombres satisfaisant à l'équation de Fermat pour un exposant n autre que 2. Il existe des démonstrations partielles pour d'assez nombreuses valeurs de n, mais aucune pour toutes. Fermat avait affirmé connaître une démonstration simple et ingénieuse de ce théorème, mais faute de place dans la marge du livre où il fit cette affirmation, il n'a pas donné la démonstration. On pense aujourd'hui qu'il est fort probable que la démonstration que croyait avoir trouvée Fermat était fausse ; il est pourtant troublant que, jamais ailleurs, Fermat n'ait affirmé avoir *démontré* une proposition qui se soit révélée fausse par la suite.

probabilité selon un sujet A (un sujet étant une personne déterminée prise en un instant déterminé). C'est l'économiste anglais Keynes (qui a donné son nom en économie politique aux théories keynésiennes) qui s'est fait le défenseur de cette conception, exagérant sa pensée jusqu'à nier la notion de probabilité objective. Cela est abusif : comme il n'est de science que du général, si les probabilités ne se concevaient que pour un sujet déterminé, ce serait peut-être un bel objet d'étude artistique, de poésie même, mais non de science. Heureusement, il existe certains phénomènes sur lesquels de nombreuses personnes portent le même jugement de probabilité : il est peu contesté que la probabilité pour que le 1 apparaisse comme « numéro complémentaire » au tirage du loto est 1/49 ; par ce biais, on réintroduit une certaine généralité, une certaine objectivité.

La méthode du pari

Si elle permet d'attribuer une probabilité à un événement isolé, la théorie subjective présente cependant un grave inconvénient. Les jugements de probabilité que porte un sujet, disons normal, sont loin d'être aussi nuancés que le permet l'échelle numérique de zéro à un. Nous disposons tout au plus de quelques degrés :

impossible	presque impossible	peu probable
possible	probable	presque certain	certain

qui forment déjà une échelle exigeant quelque réflexion pour être utilisée. Bien entendu, nous n'exigeons pas pour la probabilité une évaluation avec trois ou quatre décimales ; mais il en est ainsi de nombreuses mesures physiques.

La méthode du pari est une adaptation d'une méthode couramment employée pour déterminer un nombre x : pour un certain nombre de valeurs a, on détermine si x est plus grand ou plus petit que a. Par exemple, pour connaître le cours exact d'une marchandise, on peut fixer son prix à une valeur a : s'il y a plus de vendeurs que d'acquéreurs, a est plus grand que x.

Si l'on fait cette opération pour un certain nombre de valeurs de a judicieusement choisies, on connaîtra x avec une certaine précision.

Proposons-nous de chercher si un sujet (appelons-le Pierre) accorde une probabilité supérieure ou inférieure à 5/6 pour que Monaco batte le Racing au prochain match. Nous lui offrirons une certaine somme d'argent en le laissant choisir entre deux moyens de la gagner :

— soit que Monaco batte le Racing ;

— soit qu'il amène un autre point que le 6 en jetant un dé.

S'il choisit le dé, c'est qu'il n'accorde pas à la victoire une probabilité supérieure à 5/6.

Grâce à cette méthode du pari, il est possible de déterminer assez convenablement les « probabilités selon un sujet A » et d'enlever ainsi un argument à leurs détracteurs.

Ceci n'éteint pas la querelle, et les publications, les brochures, les plaquettes continuent d'exposer, parfois sur un ton polémique, les arguments de l'une ou l'autre interprétation.

Carnap a mis très clairement en présence les deux parties. Pour lui, il n'y a pas lieu de discuter du sens d'un mot : pur symbole, le mot a uniquement le sens que l'usage lui accorde. Il s'agit de remplacer une notion usuelle, mais peu précise (l'explicandum) par une conception explicite et précise (l'explicatum). Ainsi, la température indiquée par un thermomètre est l'explicatum de la notion, perceptible mais confuse, de froid ou de chaleur. En théorie des probabilités, les explicanda sont de deux sortes :

— la psychoprobabilité, ou degré de confiance, correspond à l'idée de vraisemblance, comme dans les trois premiers exemples donnés en tête de ce chapitre ;

— la physioprobabilité, ou fréquence théorique, correspond à la fréquence des succès dans une série suffisamment longue d'expériences.

On peut dire que la physioprobabilité exprime un fait, vérifiable par l'expérience, tandis que la psychoprobabilité a une valeur logique subjective, comme corps des opinions d'un sujet déterminé, soumis aux seules règles de la cohérence logique.

Les détracteurs de la physioprobabilité la rejettent parce qu'elle introduirait une notion superflue, toute signification factuelle pouvant s'exprimer en termes de fréquences. Par contre la psychoprobabilité serait inéliminable du champ de la connaissance : la certitude n'est qu'un cas limite ou une abstraction ; seules les propositions tautologiques peuvent être certaines et encore, à condition d'avoir la certitude (encore !!!) qu'il n'y ait point de faute de raisonnement. Il serait donc illusoire de poursuivre une définition de la probabilité telle qu'au lieu d'*exprimer* un jugement, elle le *justifie*, le transformant « en je ne sais quelle chose qui ne serait plus un jugement personnel, mais un fantôme, doué d'une validité qui nous échappe, placé dans le royaume des vérités absolues » (Bruno de Finetti).

Le fait qu'un même mot puisse recouvrir plusieurs notions se prêtant inégalement à l'élaboration de modèles mathématiques n'est pas une caractéristique de la seule théorie des probabilités, et on pourrait s'étonner qu'elle seule ait fait couler de tels flots d'encre : a-t-on jamais tant écrit pour distinguer entre la force du vent et la force de la loi, voire, pourquoi pas, la force de l'âge ?

Il y a tout de même des raisons à ces discussions. La théorie des probabilités soulève des réticences, tout comme la statistique, plus que tout autre modèle, plus que la géométrie, plus que l'astronomie, plus même que certaines théories audacieuses de la physique moderne.

Au fond, ce qu'on lui reproche, c'est d'attenter à ce que Palante appelle notre sensibilité individualiste.

« La sensibilité individualiste peut se définir négativement : elle est le contraire de la sensibilité sociale », écrit-il en substance. Et de citer Tocqueville : « Si, à mesure qu'on est plus développé, on trouve plus de différence entre les hommes, on ne peut dire que l'instinct démocratique développe beaucoup l'esprit, puisqu'il fait croire à l'égalité des mérites en vertu de la similitude des prétentions. »

Chaque fois que la théorie des probabilités dénombre des individus, elle nous réduit à n'être qu'un numéro, un élément d'un ensemble, la millième fenêtre d'un " Minguettes " moral, toutes choses qui heurtent notre besoin d'unicité. Il y a entre les autres et soi une barrière invisible, écrivait Benjamin Constant dans son *Journal intime* ; c'est cette barrière que semble profaner la théorie des probabilités.

Elle heurte encore un autre sentiment, celui de la liberté humaine. J'affirme que mille téléviseurs au moins seront vendus à Paris cette semaine ; c'est une certitude absolue (sauf s'il se produit un événement exceptionnel tel que la guerre ou une grève des revendeurs d'appareils électro-ménagers), et pourtant, mon affirmation n'ôte en rien la liberté de chaque Français d'acheter ou de ne pas acheter de téléviseur cette semaine : néanmoins le préjugé est tenace.

Il y a encore une autre raison à ce malaise qui entoure la théorie des probabilités. C'est que les applications les plus connues du public concernent les jeux de hasard et les assurances sur la vie. Ces questions nous touchent de trop près pour que la passion ne s'en mêle point : le jeu et la mort sont des sujets qu'on hésite à abandonner au calcul.

Il est difficile de raisonner normalement dès qu'il est question, même très indirectement, de sa propre mort ; Joseph Bertrand cite l'exemple suivant :

« L'inoculation, avant la vaccine, était contre la variole, le meilleur parti qu'on pût prendre ; mais 1 inoculé sur 200 mourait des suites de l'opération. Quelques-uns hésitaient ; Daniel Bernoulli, géomètre impassible, calculait doctement la vie moyenne, la trouvait accrue de trois ans et déclarait par syllogisme l'inoculation bienfaisante. D'Alembert, toujours hostile à la théorie du jeu, qu'il n'a jamais comprise, repoussait avec grande raison cette fois l'application qu'on voulait en faire : je suppose, dit-il, que la vie moyenne d'un homme de trente ans soit trente autres années et qu'il puisse raisonnable-ment espérer de vivre encore trente ans en s'abandonnant à la nature et en ne se faisant pas inoculer. Je suppose ensuite qu'en se soumettant à l'opération, la vie moyenne soit de trente-quatre ans. Ne semble-t-il pas que, pour apprécier l'avantage de l'inoculation, il ne suffit pas de comparer la vie moyenne de trente-quatre ans à la vie moyenne de trente, mais le risque de 1 sur 200 auquel on s'expose de mourir dans un mois, par l'inoculation, à l'avantage éloigné de vivre quatre ans de plus au bout de soixante ans ? »

On argumente mal pour vider de telles questions : supposons que l'on puisse, par une opération, accroître la vie moyenne, non plus de quatre mais de quarante ans, à la condition qu'une mort immédiate menacera le quart des opérés. Un quart de vies sacrifiées pour doubler les trois autres, le bénéfice est grand. Qui voudra le recueillir ? Quel médecin fera l'opération ? Qui se chargera, en y invitant 4 000 habitants robustes et bien portants d'une même commune, à commander pour le lendemain 1 000 cercueils ?

Nous discuterons en son temps de la valeur de la moyenne comme critère de décision, qu'il s'agisse de durée de vie ou de toute autre grandeur mesurable. Mais le paradoxe néglige une autre donnée fondamentale de la conscience humaine, qui est l'incertitude de la date de la mort : et c'est cette incertitude qu'on reproche à la théorie des probabilités de troubler.

En retardant d'un an l'aménagement d'un carrefour routier dangereux, le gouvernement condamne *sûrement* à mort plusieurs automobilistes, dans la bonne conscience générale. Mais quel tollé si les noms de quatre citoyens étaient tirés au sort et qu'on fusille les élus ! Mieux encore, si quatre hommes étaient en perdition en mer, en montagne, ou sous terre, on ne reculerait devant aucune dépense pour les sauver : la dépense pourrait excéder celle de l'aménagement du carrefour dont nous parlions tout à l'heure, nulle collectivité ne songerait à s'y soustraire : c'est que l'incertitude a disparu, et que des hommes, des noms et plus des numéros, sont en danger de mort.

Est-il utile de dire que toutes ces réticences en face du calcul des probabilités sont parfaitement irraisonnées : un danger n'est pas plus grand parce qu'on le connaît. Bien des préjugés tomberaient si des rudiments de calcul des probabilités étaient enseignés dans les classes dès l'âge du collège... Mais ceci est une autre question !

Les traités modernes de calcul des probabilités esquivent, et à bon droit, toutes les difficultés qu'on peut avoir à définir la probabilité, les rejetant hors du domaine des mathématiques.

Ils présentent simplement un modèle, posant un certain nombre d'axiomes, sans se soucier aucunement de les rattacher à un monde expérimental. L'exposé se déroule ensuite, de façon purement déductive. La clarté, la rigueur, la simplicité y gagnent tout ce que perd l'intuition.

Ce n'est pas cette voie que nous adopterons, car elle suppose déjà une culture mathématique assez spécialisée. On connaît la préface des *Éléments de mathématiques* de N. Bourbaki : « Le traité prend les mathématiques à leur début et donne des démonstrations complètes. Sa lecture ne suppose donc, en principe, aucune connaissance mathématique particulière... néanmoins, le traité est destiné plus particulièrement à des lecteurs possédant au moins une bonne connaissance des matières enseignées dans la première ou les deux premières années de l'Université... » Je pense que vous avez remarqué l'anodine perfidie des locutions « en principe » et « au moins ».

Dans ce petit livre, nous nous maintiendrons donc toujours aussi près que possible de l'arsenal expérimental traditionnel des urnes, des cartes et des jeux de dés. Il reste naturellement la possibilité au lecteur intéressé d'aborder, sur un substrat concret, la lecture de traités plus spécialisés [1].

---

1. Voir la bibliographie, p. 187.

3. Les principes du calcul des probabilités

Le but du calcul des probabilités est, nous l'avons vu, de calculer les probabilités d'événements complexes à partir des probabilités supposées connues d'événements plus simples. Un nombre très restreint de théorèmes suffit à la plupart des calculs courants, et ce sont ces théorèmes que nous allons examiner maintenant.

Il faut réserver une place particulière à un théorème dont nous avons déjà parlé, et sur lequel reposent toutes les applications du calcul des probabilités : la loi des grands nombres.

On raconte à son sujet que les physiciens ne cherchent jamais à la vérifier car ils croient que les mathématiciens l'ont prouvée, et que les mathématiciens ne s'efforcent pas de la démontrer car ils croient que c'est un résultat d'expérience !

Cette boutade classique est malheureuse car elle laisse croire à un certain mystère, d'autant qu'on l'utilise à tout propos et hors de propos, à propos de la structure de l'atome, de la quatrième dimension ou des principes de la thermodynamique. Nous allons voir que cette loi se déduit par un calcul très simple de la définition de la probabilité : bien entendu, réciproquement, la définition de la probabilité peut se déduire de la loi des grands nombres, mais il n'y a là aucun mystère. L'orthogonalité des diagonales du losange se déduit de la définition du losange comme un quadrilatère dont les côtés ont même longueur ; et inversement, de l'orthogonalité des diagonales, on déduit la définition du losange.

C'est encore le jeu de pile ou face qui va fournir le support de notre raisonnement, car il conduit aux calculs les plus simples. Nous supposons que la pièce utilisée est suffisamment symétrique pour que les chances soient égales pour le côté pile et le côté face ; on ne saurait exiger une symétrie absolue, sinon les deux côtés seraient indiscernables et le jeu impossible. Mais on n'exige pas non plus que les lignes qui constituent une figure de géométrie soient d'épaisseur rigoureusement nulle, comme le suppose la définition d'une ligne, car alors, les tracés seraient invisibles !

Pour le premier jet, le résultat peut être pile, avec une probabilité 1/2, ou face, avec la même probabilité, ce que nous schématiserons en :

$$P \quad 1/2 \qquad F \quad 1/2$$

Quel que soit le résultat du premier jet, le second peut donner pile ou face, avec des probabilités égales : le résultat du premier jet n'a *aucune* influence sur le second. Comme le dit Joseph Bertrand, la pièce n'a ni conscience ni mémoire. On exprime cela en disant que les coups successifs sont « indépendants ». Cette indépendance, paradoxalement, satisfait notre intuition et la choque tout à la fois : qui n'a pas une petite réticence à jouer le rouge quand il vient de sortir quatre fois ? Et pourtant, au cinquième coup, rouge et noir ont exactement les mêmes chances de sortir qu'au premier coup.

On connaît la frayeur de ce malade qui, sur le point de subir une intervention chirurgicale, demande :

— Docteur, combien a-t-on de chances de se tirer de là ?

— 99 pour cent.

— Et vous avez déjà réussi beaucoup d'opérations comme celle-là ?

— 99.

Cette croyance en une sorte de compensation que nous devrait la pièce après une longue série de coups ayant donné pile est absolument sans fondement, et on imagine mal par quel mécanisme ésotérique le résultat d'un jet pourrait influer sur le suivant.

Après le second jet, les résultats possibles sont :

$$PP \qquad PF \qquad FP \qquad FF$$

avec des probabilités égales (donc valant 1/4). Si on ne tient pas compte de l'ordre dans lequel les résultats sont obtenus, on trouve comme probabilités respectives :

1/4 (2 fois pile)   1/2 (1 pile et 1 face)   1/4 (2 fois face).

On pourrait reproduire ce raisonnement pour trois jets, obtenant le schéma de résultats :

1/8 (3 fois pile)   3/8 (2 fois pile et 1 fois face)
3/8 (2 fois face et 1 fois pile)   1/8 (3 fois face).

Il est possible de donner une règle pour calculer ces probabilités de proche en proche pour un nombre de coups plus important.

Après un jet, il y a deux résultats possibles, après deux jets, quatre, après trois jets, huit et ainsi de suite. Pour n jets, il y a 2^n combinaisons de résultats possibles. Appelons C_n^m le nombre de ces combinaisons qui contiennent m fois le résultat « pile ». Pour obtenir m fois pile, il faut :

— ou bien que, le dernier jet ayant donné face, les $(n-1)$ jets précédents aient donné m piles. Il y a donc C_{n-1}^m telles combinaisons ;

— ou bien que, le dernier jet ayant donné pile, les $(n-1)$ jets précédents aient donné $(m-1)$ piles. Il y a donc C_{n-1}^{m-1} telles combinaisons.

Au total, on obtient la formule :

$$C_n^m = C_{n-1}^m + C_{n-1}^{m-1}$$

qui permet de calculer les probabilités pour une partie de n jets, connaissant celles pour une partie de $(n-1)$ coups. Pascal a trouvé une disposition extrêmement ingénieuse pour effectuer ce calcul.

En toute justice, Pascal n'est pas l'inventeur de ce tableau, puisque, un siècle avant qu'il ne publie son *Traité du triangle arithmétique,* Stifel avait donné un tableau analogue dans l'*Arithmetica Integra.* Il avait d'ailleurs été précédé, et de loin, par l'auteur chinois du triangle reproduit p. 37. Mais Pascal fut le premier à voir les nombreuses applications possibles de cette disposition de nombres, et bien évidemment, il fut le premier à l'utiliser pour résoudre des problèmes de calcul des probabilités. Aussi avons-nous conservé jusqu'à nos jours le nom de « triangle arithmétique de Pascal ».

On écrit une ligne de 1, aussi longue que l'on veut ; puis des

1	1	1	1	1	1	1	1	1	1
1	2	3	4	5	6	7	8	9	
1	3	6	10	15	21	28	36		
1	4	10	20	35	56	84			
1	5	15	35	70	126				
1	6	21	56	126					
1	7	28	84						
1	8	36							
1	9								

colonnes dont le premier élément est invariablement en 1. Tout élément du tableau est la somme de l'élément situé à sa gauche et de celui écrit au-dessus de lui. Par exemple les éléments encadrés permettent de calculer

$$6 + 4 = 10 \qquad 70 + 56 = 126.$$

Les divers nombres C_n^m pour une partie de n coups se trouvent sur la $n^{\text{ième}}$ diagonale, ce qui réalise bien le calcul de proche en proche de ces nombres. Pascal a donné lui-même cette application — et de nombreuses autres — du triangle arithmétique.

Il est clair que, si pratique que soit la disposition de ces nombres en triangle, on peut malaisément l'utiliser dès que l'on approche la centaine, car le tableau atteint des dimensions prohibitives. On emploie des méthodes de calcul approché et abrégé, comme le font d'ailleurs les calculatrices de poche. Elles sortent du cadre de cet ouvrage par leur technicité, mais il est important de comprendre qu'elles n'ajoutent rien de nouveau à la démonstration : on obtiendrait le même résultat si on avait la patience de poursuivre assez loin la construction du triangle arithmétique.

On peut aussi utiliser une méthode graphique. Portons en regard de chaque valeur de m, inscrite sur un axe, la valeur correspondante de la probabilité.

Triangle chinois d'après un ouvrage imprimé vers 1303

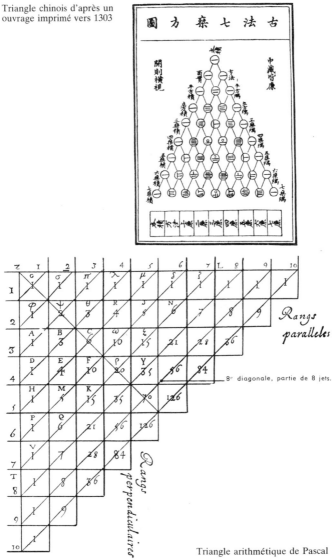

Triangle arithmétique de Pascal

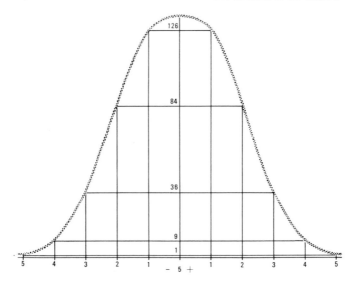

Au fur et à mesure que le nombre de coups augmente, les résultats semblent se disposer sur une courbe régulière, la fameuse courbe en cloche, qui représente, comme on l'a dit, les variations de la fonction $y = e^{-x^2}$. Les méthodes abrégées dont on a parlé plus haut consistent tout simplement à confondre la ligne polygonale de la figure avec la courbe en cloche.

Le problème que l'on se pose alors le plus souvent à l'occasion d'une partie de pile ou face comportant un grand nombre de coups est le suivant : quelle est la probabilité pour que l'écart entre le nombre de « pile » observé et la moitié du nombre de jets dépasse une valeur déterminée u ? Par exemple, sur 100 000 coups, quelle est la probabilité pour que l'écart dépasse 1 000, c'est-à-dire qu'on obtient moins de 49 000 ou plus de 51 000 fois le côté pile ?

La recherche directe de cette probabilité peut se faire sur le triangle arithmétique, ou sur la courbe de Laplace-Gauss. Considérons cette courbe, construite à une échelle telle que le maximum soit $1/\sqrt{\pi}$ (cette échelle est choisie en sorte que la

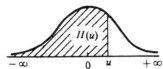

$-\infty \qquad 0 \quad u \qquad +\infty$

Probabilité d'une valeur inférieure à *u*.

u	0,00	0,01	0,02	0,03	0,04	0,05	0,06	0,07	0,08	0,09
0,0	0,5000	0,5040	0,5080	0,5120	0,5160	0,5199	0,5239	0,5279	0,5319	0,5359
0,1	0,5398	0,5438	0,5478	0,5517	0,5557	0,5596	0,5636	0,5675	0,5714	0,5753
0,2	0,5793	0,5832	0,5871	0,5910	0,5948	0,5987	0,6026	0,6064	0,6103	0,6141
0,3	0,6179	0,6217	0,6255	0,6293	0,6331	0,6368	0,6406	0,6443	0,6480	0,6517
0,4	0,6554	0,6591	0,6628	0,6664	0,6700	0,6736	0,6772	0,6808	0,6844	0,6879
0,5	0,6915	0,6950	0,6985	0,7019	0,7054	0,7088	0,7123	0,7157	0,7190	0,7224
0,6	0,7257	0,7290	0,7324	0,7357	0,7389	0,7422	0,7454	0,7486	0,7517	0,7549
0,7	0,7580	0,7611	0,7642	0,7673	0,7704	0,7734	0,7764	0,7794	0,7823	0,7852
0,8	0,7881	0,7910	0,7939	0,7967	0,7995	0,8023	0,8051	0,8078	0,8106	0,8133
0,9	0,8159	0,8186	0,8212	0,8238	0,8264	0,8289	0,8315	0,8340	0,8365	0,8389
1,0	0,8413	0,8438	0,8461	0,8485	0,8508	0,8531	0,8554	0,8577	0,8599	0,8621
1,1	0,8643	0,8665	0,8686	0,8708	0,8729	0,8749	0,8770	0,8790	0,8810	0,8830
1,2	0,8849	0,8869	0,8888	0,8907	0,8925	0,8944	0,8962	0,8980	0,8997	0,9015
1,3	0,9032	0,9049	0,9066	0,9082	0,9099	0,9115	0,9131	0,9147	0,9162	0,9177
1,4	0,9192	0,9207	0,9222	0,9236	0,9251	0,9265	0,9279	0,9292	0,9306	0,9319
1,5	0,9332	0,9345	0,9357	0,9370	0,9382	0,9394	0,9406	0,9418	0,9429	0,9441
1,6	0,9452	0,9463	0,9474	0,9484	0,9495	0,9505	0,9515	0,9525	0,9535	0,9545
1,7	0,9554	0,9564	0,9573	0,9582	0,9591	0,9599	0,9608	0,9616	0,9625	0,9633
1,8	0,9641	0,9649	0,9656	0,9664	0,9671	0,9678	0,9686	0,9693	0,9699	0,9706
1,9	0,9713	0,9719	0,9726	0,9732	0,9738	0,9744	0,9750	0,9756	0,9761	0,9767
2,0	0,9772	0,9779	0,9783	0,9788	0,9793	0,9798	0,9803	0,9808	0,9812	0,9817
2,1	0,9821	0,9826	0,9830	0,9834	0,9838	0,9842	0,9846	0,9850	0,9854	0,9857
2,2	0,9861	0,9864	0,9868	0,9871	0,9875	0,9878	0,9881	0,9884	0,9887	0,9890
2,3	0,9893	0,9896	0,9898	0,9901	0,9904	0,9906	0,9909	0,9911	0,9913	0,9916
2,4	0,9918	0,9920	0,9922	0,9925	0,9927	0,9929	0,9931	0,9932	0,9934	0,9936
2,5	0,9938	0,9940	0,9941	0,9943	0,9945	0,9946	0,9948	0,9949	0,9951	0,9952
2,6	0,9953	0,9955	0,9956	0,9957	0,9959	0,9960	0,9961	0,9962	0,9963	0,9964
2,7	0,9965	0,9966	0,9967	0,9968	0,9969	0,9970	0,9971	0,9972	0,9973	0,9974
2,8	0,9974	0,9975	0,9976	0,9977	0,9977	0,9978	0,9979	0,9979	0,9980	0,9981
2,9	0,9981	0,9982	0,9982	0,9983	0,9984	0,9984	0,9985	0,9985	0,9986	0,9986

Table pour les grandes valeurs de *u*

u	3,0	3,1	3,2	3,3	3,4	3,5	3,6	3,8	4,0	4,5
$\Pi(u)$	0,99865	0,99904	0,99931	0,99952	0,99966	0,99976	0,999841	0,999928	0,999968	0,999997

somme des probabilités de tous les cas possibles soit 1, comme il se doit). L'aire hachurée représente la somme des probabilités des résultats tels que l'écart soit en plus, et inférieur à *u* : cela est évident quand la courbe est encore constituée par l'escalier qui a servi à la construire, et est encore vrai à la limite. Cette aire est une fonction de *u*, qu'on appelle *H* (*u*) et qui se représente par une intégrale :

$$H (u) = \int_0^u \frac{2}{\sqrt{\pi}} \, e^{-x^2} \, dx$$

mais il n'est pas nécessaire de connaître le calcul intégral pour utiliser cette fonction : elle est d'un emploi si courant qu'on en a dressé des tables, au même titre que les tables financières ou les tables trigonométriques.

Mais bien que ces tables soient d'un emploi très facile, on peut, pour les calculs courants, se contenter d'une règle très aisée à retenir, qui donne une précision acceptable et n'exige pas la consultation de tables.

C'est à Émile Borel, que l'on doit cette approximation ingénieuse. Il définit l'« unité décimale d'écart » comme l'écart qui a la probabilité 1/10 d'être dépassé. La règle de l'unité décimale d'écart s'énonce alors ainsi :

a. l'unité décimale d'écart est la racine carrée du nombre de jets ;

b. la probabilité d'un écart *n* fois plus grand que l'unité décimale d'écart est 10^{-n^2}.

Ainsi, pour une partie de 10 000 coups, l'unité décimale d'écart est 100. La probabilité pour qu'on observe

moins de 4 900 ou plus de 5 100 pile est 1/10

moins de 4 800 ou plus de 5 200 pile est 1/10 000

moins de 4 700 ou plus de 5 300 pile est 1/100 000 000.

On voit que cette probabilité décroît à une vitesse fantastique lorsque l'écart augmente.

De la règle de l'unité décimale d'écart, on déduit enfin très facilement la loi des grands nombres, ou loi de Bernoulli : « La probabilité d'un écart relatif donné, aussi petit que l'on veut, tend vers zéro quand le nombre de coups augmente indéfiniment. »

On l'énonce souvent de façon plus imagée en disant qu'il est très peu probable que, sur un grand nombre de parties, la fréquence d'un événement s'écarte notablement de sa probabilité.

La démonstration en est élémentaire. Soit *p* le nombre de

parties et *e* un écart relatif donné. Quelle est la probabilité pour qu'il soit dépassé ? Il correspond à un écart absolu de *pe* qui vaut $e\sqrt{p}$ fois l'unité décimale d'écart $\sqrt{p}$. La probabilité qu'il a d'être dépassé est $10^{-p\sqrt{e}}$, nombre qui tend bien vers zéro lorsque le nombre *p* augmente indéfiniment.

La règle de l'unité décimale d'écart et la loi de Bernoulli s'étendent bien entendu à d'autres cas que le jeu de pile ou face, notamment dans le cas de deux résultats dont les probabilités ne sont plus égales. La seule modification consiste dans le calcul de l'unité décimale d'écart ; si les deux résultats ont pour probabilités respectives *p* et $q = 1 - p$, elle vaut

$$\sqrt{n}\ \sqrt{4pq}$$

(si $p = q = 1/2$, on retrouve bien évidemment la racine carrée du nombre de coups).

Par exemple, supposons qu'on jette 180 fois un dé et qu'on engage des paris sur la sortie du point « six ». La probabilité est 1/6, la probabilité de l'autre résultat (ne pas amener six) est 5/6 et l'unité décimale d'écart est

$$\sqrt{4 \times 180 \times 1/6\ 5/6} = 10.$$

La probabilité d'obtenir plus de 40 fois ou moins de 20 fois le point « six » est donc de 1/10.

Avant d'abandonner la loi des grands nombres, nous devons rappeler qu'elle n'entraîne pas du tout que, sur un million de coups à pile ou face, 500 000 fois « pile » exactement forment un événement assez probable. Le triangle de Pascal montre même que la probabilité en est très petite.

Elle vaut en effet $2^{-m}C_{2m}^{n}$ expression dont une formule, due à Stirling, permet de donner la valeur approchée $1/\sqrt{pm}$, qui est d'autant plus petite que le nombre de coups est plus élevé. Un peu de réflexion fait d'ailleurs paraître ce résultat comme assez intuitif. En effet la probabilité de voir arriver 500 000 fois le côté « pile » est assez peu différente de celle de le voir arriver 499 999 ou 500 001, elle-même assez peu différente de celle de le voir arriver 499 998 ou 500 002, et ainsi de suite… Et comme la somme de toutes ces probabilités ne peut dépasser I, chacune d'entre elles est nécessairement fort petite.

Une expérience intéressante a été faite par Weldon pour « vérifier » la loi que représente le triangle arithmétique. Le jeu était de lancer simultanément 12 dés, le « succès » étant l'apparition de points « cinq » ou « six ». Weldon effectua 26 303 jets, nota la fréquence des succès et calcula les probabilités théoriques correspondantes

Nombre de 5 ou 6	Probabilité théorique	Fréquence observée
0	0.007	0.007
1	0.046	0.043
2	0.127	0.124
3	0.211	0.208
4	0.238	0.232
5	0.190	0.197
6	0.111	0.116
7	0.047	0.050
8	0.014	0.015
9	0.003	0.003
10	0.0005	0.0005
11	0.00005	0.0002
12	0.000002	néant

La vérification s'avère convenablement précise : on vérifie en outre que les sommes, aussi bien des fréquences observées que des probabilités théoriques, sont égales à l'unité.

Le principe des probabilités totales

Considérons une expérience aléatoire dont le résultat comporte N cas différents (supposés tous également probables, nous ne reviendrons plus sur ce point). Nous distinguerons n de ces cas, que nous appellerons favorables : par exemple si on tire une carte d'un jeu battu et si on engage des paris sur le tirage d'un carreau, N vaut 52 et n vaut 13.

Tous les autres cas sont dits « défavorables » et il y en a bien entendu $(N-n)$ qui constituent « l'événement contraire ». Il faut prendre garde que « contraire » est employé ici dans un sens beaucoup plus fort que dans le langage courant : il serait plus exact de dire « contradictoire ». En effet, pour que des événements soient contraires, il est nécessaire

— qu'ils soient incompatibles

— qu'on ait la certitude que l'un d'eux se réalise.

Ainsi la-porte-est-ouverte et la-porte-est-fermée sont deux événements contraires puisqu'on sait bien qu'il faut qu'une porte soit ouverte ou fermée. Par contre Reims-bat-Monaco et Monaco-bat-Reims sont bien incompatibles, mais il n'est pas certain que l'un ou l'autre ait lieu, puisqu'il reste la possibilité du match nul : ce ne sont pas des événements contraires. De même pour la-première-personne-que-je-rencontrerai-demain-mesure-moins-de-2-mètres et elle-mesure-plus-d'un-mètre : il est certain que l'un ou l'autre de ces événements a lieu, mais ils ne sont pas incompatibles.

La probabilité p de l'événement favorable est donnée par la formule :

$$p = n/N$$

qui nous montre, ou nous rappelle, qu'une probabilité est un nombre compris entre 0 et 1 : 0 correspondant à un résultat impossible (aucun cas n'étant favorable) de 1 à un résultat certain (tous les cas étant alors favorables).

La probabilité de l'événement contraire est de même :

$$q = \frac{N - n}{N} = 1 - \frac{n}{N} = 1 - p.$$

Ces deux formules entraînent que

$$p + q = 1$$

c'est-à-dire que *la somme des probabilités de deux événements contraires est égale à l'unité.*

Si on divise les divers résultats possibles en plusieurs événements et non plus seulement en deux, la formule se généralise et la somme des probabilités de ces divers événements vaut encore 1, pourvu que :

— les divers événements soient deux à deux incompatibles,

— on ait la certitude que l'un quelconque de ces événements se réalise.

Un tel ensemble d'événements, deux à deux incompatibles et dont la somme est certaine (somme signifiant ici réalisation de l'un quelconque des événements : nous emploierons souvent ce terme qui est une abréviation commode) s'appelle un système complet d'événements. Il est souvent possible, pour une même expérience, de concevoir plusieurs systèmes complets d'événements. Dans l'exemple du jeu de cartes dont il a été question plus haut, on peut imaginer les décompositions :

couleurs majeures (pique, cœur) et mineures	2 événements
honneurs et petites cartes	2 événements
pique, cœur, carreau, trèfle	4 événements

et bien d'autres encore.

Le principe des probabilités totales est une généralisation de cette formule au cas où les divers événements possibles sont encore deux à deux incompatibles, mais où il n'est plus certain que l'un au moins se réalise.

Il est possible, soit de l'établir à partir de la formule précédente, soit de le démontrer directement ; nous utiliserons successivement ces deux méthodes car elles fournissent une comparaison intéressante de raisonnements en théorie des probabilités.

a. *Démonstration à partir de la formule précédente.*

Soient A et B deux événements incompatibles. Appelons C l'événement consistant en ce que ni A ni B ne se réalise. Les trois événements A, B, C, forment un système complet d'événements pour l'expérience et la formule établie pour ce cas s'applique : la somme de leurs probabilités est égale à l'unité :

$$P(A) + P(B) + P(C) = 1.$$

Mais l'événement $A + B$ (au sens donné plus haut au mot somme), considéré comme un tout est l'événement contraire de C et donc :

$$P(A + B) + P(C) = 1.$$

Il suffit de comparer ces deux dernières égalités pour en tirer :

$$P(A + B) = P(A) + P(B)$$

qui exprime le théorème des probabilités totales :

La probabilité de la « somme » de deux événements incompatibles est la somme des probabilités des événements constituants.

b. *Établissement direct de cette formule.*

Désignons toujours par N le nombre total de cas possibles et supposons que n réalise l'événement A et m l'événement B.
Ainsi :

$$P(A) = \frac{n}{N} \qquad P(B) = \frac{m}{N}$$

L'événement $A + B$, consistant en la réalisation de A ou de B a évidemment lieu dans $(m + n)$ cas, et a donc pour probabilité :

$$P(A + B) = \frac{m + n}{N}$$

ce qui est bien égal à la somme des probabilités des événements A et B.

L'une ou l'autre de ces démonstrations se généralise sans peine au cas de plus de deux événements, pourvu qu'ils restent mutuellement incompatibles.

Le principe des probabilités totales simplifie la recherche de certaines probabilités en évitant des dénombrements fastidieux. Nous allons en voir quelques exemples.

c. *Le jeu de passe-sept.*

Ce jeu consiste à jeter deux dés ; si le total des points amenés dépasse sept, le joueur gagne. S'il vaut sept, le coup est nul et s'il est inférieur à sept, le joueur perd. Quelle est la probabilité de gagner ?

Le « succès » a lieu si le total des points est 8, 9, 10, 11 ou 12 et ces cinq événements sont incompatibles. La probabilité de gagner est donc :

$$P = P(8) + P(9) + P(10) + P(11) + P(12).$$

Pour calculer ces termes, formons la liste de toutes les parties possibles.

Si le premier dé marque 1 et le second :	1	2	3	4	5	6
le total est :	2	3	4	5	6	7
Si le premier dé marque 2 et le second :	1	2	3	4	5	6
le total est :	3	4	5	6	7	8
Si le premier dé marque 3 et le second :	1	2	3	4	5	6
le total est :	4	5	6	7	8	9
Si le premier dé marque 4 et le second :	1	2	3	4	5	6
le total est :	5	6	7	8	9	10
Si le premier dé marque 5 et le second :	1	2	3	4	5	6
le total est :	6	7	8	9	10	11
Si le premier dé marque 6 et le second :	1	2	3	4	5	6
le total est :	7	8	9	10	11	12

au total 36 cas également possibles parmi lesquels

5 donnent le total   8   4 donnent le total   9
3 donnent le total 10   2 donnent le total 11

et un seul le total 12. On en déduit les probabilités des divers constituants :

$$P = \frac{5}{36} + \frac{4}{36} + \frac{3}{36} + \frac{2}{36} + \frac{1}{36} = \frac{5}{12}.$$

Il y a donc 5 chances sur 12 de gagner au jeu de passe-sept. On pourrait refaire le même calcul pour trouver qu'il y a cinq chances sur 12 de perdre (et 2 sur 12 de faire partie nulle). Le jeu de passe-sept donne donc des chances égales à celui qui lance les dés et à son adversaire.

Le raisonnement que nous venons de faire est valable, quelle que soit la disposition des points sur les dés et sous la seule hypothèse que chacun des six points possibles ait la même probabilité.

Il est possible de raisonner beaucoup plus simplement en

remarquant que, sur les dés habituellement utilisés, la somme des points marqués sur deux faces opposées est constante et égale à 7. C'est ainsi que 1 est opposé à 6, 2 à 5 et 4 à 3.

Si donc, la somme des points portés par les faces supérieures est a, la somme des points portés par les faces inférieures est $(14-a)$. Par suite, la probabilité d'amener a est la même que celle d'amener $(14-a)$; écrivons les 10 totaux possibles sur deux lignes en sorte que les totaux ayant la même probabilité soient placés l'un au-dessus de l'autre (nous n'écrivons pas le total 7 qui correspond à la partie nulle) :

2	3	4	5	6
12	11	10	9	8

Les 10 cas correspondants étant incompatibles, le théorème des probabilités totales montre qu'il y a la même probabilité d'obtenir plus ou moins de 7, et donc que le jeu donne des chances égales aux deux partenaires.

Néanmoins, le calcul plus développé que nous avons fait en premier lieu n'était pas inutile car il fournit la probabilité de faire partie nulle.

De plus, c'est le seul raisonnement possible dans le cas où, le dé n'étant plus parfaitement symétrique, toutes les faces n'ont plus des probabilités égales.

Le dé pipé

Un tricheur utilise un dé pipé qui donne les points 1, 2, 3, 4, 5, 6 avec les probabilités respectives 1/8, 1/6, 1/4, 1/6, 1/8 et 1/6 (remarquez que la somme de ces probabilités vaut 1). Quelle est la probabilité d'amener un point qui soit un multiple de 3 ?

Un tel point ne peut être que trois ou six, et ces deux résultats sont incompatibles. Le théorème des probabilités totales permet alors d'écrire :

$$P = P(3) + P(6) = 1/4 + 1/6 = 5/12.$$

alors qu'avec un dé normal, cette probabilité n'eût été que :

$$P' = 1/6 + 1/6 = 4/12.$$

La piscine municipale

Aux élections cantonales de Villefleurie-sur-Oise, 5 candidats sont en concurrence pour un seul siège. Un sondage d'opinion a permis d'établir que :

le conseiller sortant a une probabilité	2/5	d'être réélu
le candidat de l'UVW	1/10	d'être élu
le candidat d'union	1/5	
la candidate de l'Association féminine	3/20	
le candidat de Salut municipal	3/20	

Sauf le conseiller sortant et la candidate, tous ont promis, s'ils sont élus, d'obtenir du ministère la construction d'une piscine. Quelle est la probabilité pour que cette piscine tant attendue soit enfin construite ?

Les événements (élection de tel candidat) étant deux à deux incompatibles, la formule des probabilités totales s'écrit :

$$P(\text{cherchée}) = P(\text{UVW}) + P(\text{union}) + P(\text{Salut municipal})$$
soit $\quad P = 1/10 + 1/15 + 3/20 = 9/20$

Chaque fois qu'on utilisera le théorème des probabilités totales, il faudra s'assurer que les divers constituants sont deux à deux incompatibles ; sans cela on s'expose à de graves mécomptes. Par exemple, la probabilité de tirer une carte majeure (pique ou cœur) d'un jeu de cartes est 1/2 ; la probabilité de tirer une carte rouge est également 1/2. Une application inconsidérée du théorème des probabilités totales conduirait à dire que la probabilité de tirer soit une rouge, soit une majeure est 1/2 + 1/2, c'est-à-dire 1 ; ceci est absurde car le tirage d'un trèfle est parfaitement possible et il n'est donc pas certain qu'on tire soit une majeure, soit une carte rouge.

Il est cependant possible de généraliser encore la formule des probabilités totales au cas de deux événements compatibles. Reprenons notre jeu de cartes.

Soit *A* l'événement : tirage d'une carte rouge.
Soit *B* l'événement : tirage d'un honneur (as ou figure).

Le nombre de cas également possibles est toujours 52. Parmi eux 26 sont favorables à l'événement *A*, tandis que 16 sont favorables à *B*. Combien sont favorables à (*A* + *B*), c'est-à-dire au tirage soit d'un honneur, soit d'une carte rouge ? Il y en a autant que de cartes rouges (26) et d'honneurs noirs (8) soit 34.

Pourquoi 34 et non 26 + 16 = 42 ? C'est qu'en ajoutant 26 et 16, on compterait deux fois les cartes qui sont à la fois des honneurs et des rouges.

Appelons *AB* l'événement consistant en la réalisation simultanée de *A* et de *B*. Le nombre de cas favorables à (*A* + *B*) s'obtient donc en ajoutant le nombre de cas favorables à *A* au nombre de cas favorables à *B* et en retranchant du total le nombre de cas favorables à *AB*. En divisant par 52, on obtient la même relation pour les probabilités :

$$P(A + B) = P(A) + P(B) — P(AB)$$

qui est la formule généralisée des probabilités totales. Bien entendu, si *A* et *B* sont incompatibles, *AB* est un événement impossible, donc de probabilité nulle, et on retrouve ainsi la formule ordinaire des probabilités totales.

Le principe des probabilités composées

Ce deuxième théorème, comme le précédent, est d'un usage fort commode en calcul des probabilités ; il permet de trouver la probabilité d'un événement qui résulte de l'apparition successive de deux ou plusieurs événements de probabilités connues.

Imaginons 10 jeux de cartes dont les dos soient tous identiques, six sont des jeux de bridge et les quatre autres se composent chacun de 52 jokers. On choisit au hasard un jeu, puis du jeu choisi, on tire une carte. Quelle est la probabilité d'obtenir ainsi un as ?

Il est facile d'évaluer séparément les probabilités des deux événements suivants :

A : choix d'un jeu normal. Il y a dix choix également possibles parmi lesquels six sont favorables, d'où :

$$P(A) = 6/10.$$

B : tirage d'un as sachant qu'on a choisi un jeu normal. Ce dernier renseignement est capital pour l'évaluation de la probabilité de *B*. Si l'on savait au contraire qu'un jeu de jokers a été choisi, la probabilité de *B* serait nulle. C'est pourquoi nous noterons, cette probabilité $P(B/A)$, pour rappeler l'information qui nous a permis d'évaluer ce nombre. Dans un jeu normal, il y a 52 tirages également possibles, dont 4 sont favorables, donc :

$$P(B/A) = 4/52.$$

Revenons maintenant au problème que nous nous étions posé, d'évaluer la probabilité du tirage d'un as par l'opération décrite. Il y a 520 tirages possibles, puisqu'à chacun des dix choix possibles d'un jeu, on peut associer 52 tirages de cartes. Parmi toutes ces cartes, il y a 24 as (quatre par jeu normal) d'où la probabilité cherchée :

$$P = 24/520.$$

Ce nombre est le produit des nombres 6/10 et 4/52 obtenus dans le raisonnement précédent :

$$P = P(A) \times P(B/A)$$

formule qui exprime le théorème des probabilités composées :

Lorsqu'un événement consiste dans la réalisation successive de deux événements, sa probabilité est le produit de la probabilité du premier des événements composants par la probabilité pour que le second se produise lorsque le premier s'est produit.

Le théorème des probabilités composées vaut aussi, naturellement, s'il y a plus de deux événements composants. Il faut alors multiplier entre elles les probabilités de ces composants, en évaluant chacune d'elles dans l'hypothèse où l'on sait que les précédents se sont produits.

Dans l'ordre ou le désordre

Une application très simple de ce théorème peut se faire pour le tiercé. Appelons p la probabilité de gagner le tiercé dans le désordre ; nous ferons une hypothèse inexacte en assimilant le tiercé à un jeu de pur hasard ; en effet, bien d'autres facteurs entrent en jeu : qualités respectives des chevaux engagés, état du terrain, handicap... Nous n'en tiendrons pas compte.

Le gain « dans l'ordre » résulte de la réalisation successive de deux événements :

    1. les trois chevaux que j'ai retenus arrivent en tête,

    2. l'ordre que j'ai prévu est bien l'ordre des arrivées.

La probabilité du premier de ces événements est précisément p. Pour évaluer celle du second, sachant que le premier s'est produit, nous remarquerons qu'il existe six ordres possibles pour trois chevaux, A, B, et C :

$$ABC \quad ACB \quad BAC \quad BCA \quad CAB \quad CBA$$

tous également possibles. Un seul est l'ordre d'arrivée et la probabilité de (2) sachant que (1) a eu lieu est 1/6.

Par le théorème des probabilités composées, nous obtenons la probabilité de gagner le tiercé dans l'ordre :

$$p' = p \times 1/6.$$

Autrement dit si les courses étaient un jeu de pur hasard, le rapport « dans l'ordre » devrait être six fois le rapport « dans le désordre » ; on sait qu'il n'en est pas ainsi. Ce rapport est de cinq au moins mais peut varier suivant les enjeux dans des proportions non négligeables. Cette disposition du règlement tient justement compte de la part des autres facteurs que le hasard dans les résultats de la course et la répartition des enjeux.

L'indépendance

Il existe une circonstance dans laquelle le théorème des probabilités composées prend une forme particulièrement simple ; c'est celle dans laquelle l'information (A s'est produit) ne modifie pas la probabilité de B. Autrement dit :

$$P(B/A) = P(B).$$

On dit alors que B est indépendant de A. Nous avons déjà employé la notion AB pour désigner la conjonction des événements A et B. Si B est indépendant de A, la formule des probabilités composées s'écrit :

$$P(AB) = P(A) \times P(B).$$

Mais cette même formule permet aussi d'écrire :

$$P(AB) = P(B) \times P(A/B).$$

et comme AB et BA représentent le même événement, on obtient en comparant ces égalités :

$$P(A/B) = P(A).$$

qui exprime que A est indépendant de B. Ainsi, et ce n'était pas évident a priori, l'indépendance de deux événements est une notion réciproque. Le théorème des probabilités composées se simplifie alors notablement :

La probabilité de conjonction de deux événements indépendants est le produit des probabilités des événements composants.

Une question de tactique électorale : l'effet d'un désistement pur et simple

Dans une élection où trois candidats sont en concurrence, A a une probabilité 0,5 d'être élu, B 0,3, et C n'a que 2 chances sur 10. Juste avant le scrutin, le candidat C se retire. Que

Les élections par Daumier.

deviennent les probabilités de succès des candidats restants ?
(On peut admettre que la décision de C ne modifie pas les
chances respectives de A et B.)

A priori, la probabilité du succès de A est $P(A) = 0,5$. Mais ce succès peut être considéré comme résultant de la réalisation successive de deux événements :

1. L'échec de *C*. Nous connaissons la probabilité de cet échec, c'est

$$1 - 0,2 = 0,8.$$

2. Le succès de *A* dans l'hypothèse où on sait que *C* n'est pas élu. La probabilité *a* de cet événement est précisément l'un des nombres que nous cherchons.

La formule des probabilités composés s'écrit :

$$0,5 = 0,8a.$$

d'où l'on tire :

$$a = 0,625.$$

Un raisonnement identique en tout point à celui-ci donnerait :

$$b = \frac{0,3}{0,8} = 0,375.$$

Remarquons au passage que, après le désistement de *C*, les succès de *A* et de *B* sont des événements contraires : on vérifie bien que la somme de leurs probabilités est égale à l'unité.

L'achat en viager

L'acheteur d'une propriété en viager souhaite calculer la probabilité qu'il a de continuer à payer la rente dans dix ans. Nous supposerons qu'il ne dispose d'aucune autre information que l'âge du ou des vendeurs et nous ferons le calcul dans deux cas :

— la rente est servie à un vendeur unique jusqu'à son décès ;

— la rente est servie jusqu'à ce que deux personnes soient l'une et l'autre décédées (ce sont généralement deux conjoints).

Nous aurons besoin de connaître les probabilités de survie et nous ferons appel pour cela à la table AF (assurés français) qui est utilisée par les compagnies françaises pour le calcul des primes d'assurances sur la vie.

TABLE A.F.
des Compagnies françaises.

AGES.	VIVANTS.	AGES.	VIVANTS.	AGES.	VIVANTS.	AGES.	VIVANTS.
0	1 000 000	27	786 713,1	54	584 593,5	81	91 046,6
1	963 985	28	781 578,4	55	572 246,3	82	76 093,8
2	937 488	29	776 368,2	56	559 322,1	83	62 587,8
3	917 939	30	771 074,6	57	545 796,8	84	50 588,3
4	903 486	31	765 689,5	58	531 649,4	85	40 117,7
5	892 765	32	760 203,2	59	516 861,2	86	31 159,3
6	884 754	33	754 606,0	60	501 417,0	87	23 657,9
7	878 676	34	748 887,2	61	485 366,6	88	17 522,7
8	873 932	35	743 035,6	62	468 525,2	89	12 631,9
9	870 056	36	737 038,6	63	451 074,5	90	8 841,1
10	866 684	37	730 883,6	64	432 964,3	91	5 991,6
11	863 520	38	724 556,0	65	414 213,5	92	3 920,0
12	860 371	39	718 041,5	66	394 851,3	93	2 467,9
13	857 043	40	711 323,8	67	374 918,2	94	1 489,9
14	853 426	41	704 385,8	68	354 467,7	95	859,2
15	849 446	42	697 209,8	69	333 567,3	96	471,3
16	845 069	43	689 777,0	70	312 298,8	97	244,8
17	840 298	44	682 066,6	71	290 759,4	98	119,8
18	835 173	45	674 058,2	72	269 061,5	99	54,9
19	829 762	46	665 728,9	73	247 332,5	100	23,4
20	824 159	47	657 055,9	74	225 713,7	101	9,3
21	818 471	48	648 014,8	75	204 358,5	102	3,4
22	812 809	49	638 580,6	76	183 420,6	103	1,1
23	807 271	50	628 727,4	77	163 096,4	104	0,3
24	801 926	51	618 429,0	78	143 529,5	105	0,1
25	796 786	52	607 658,5	79	124 896,2	106	0,0
26	791 780,2	53	596 388,8	80	107 354,4		
27	786 713,1	54	584 593,5	81	91 046,6		

Cette table est construite de la manière suivante : on considère un groupe de 1 000 000 de personnes choisies au hasard au moment de leur naissance et on suit d'année en année le nombre des survivants. Pour estimation de la probabilité qu'a un individu âgé de n années de vivre encore à l'âge m, on prend le rapport des nombres des survivants aux âges m et n. Par exemple, cherchons la probabilité qu'a un individu âgé de 37 ans de vivre jusqu'à 60 ans. La lecture de la table nous donne :

nombre de survivants à 37 ans	730 883
nombre de survivants à 60 ans	501 417
probabilité cherchée	501 417/730 883

Cette méthode revient à appliquer le théorème des probabilités composées en considérant la survie à 60 ans comme provenant de la réalisation successive de deux événements : survie à 37 ans, et survie à 60 ans d'un homme ayant déjà atteint 37 ans.

Nous simplifions encore notre exemple en ne tenant pas compte du sexe des vendeurs, bien qu'il ait une influence non négligeable sur les probabilités de survie.

Quelle est donc la probabilité de payer encore la rente dans 10 ans s'il n'y a qu'un vendeur âgé de 65 ans ?

La consultation de la table nous donne la probabilité de survie à 75 ans d'un individu actuellement âgé de 65 ans :

$$p = \frac{204\ 358,5}{414\ 213,5} = 0,493.$$

Imaginons maintenant qu'il y ait un second vendeur, âgé de 70 ans. Sa propre probabilité de survie est :

$$p' = \frac{91\ 046,6}{312\ 298,8} = 0,291.$$

Les probabilités de mort avant dix ans sont respectivement :

$$q = 1 - p = 0,507 \quad q' = 1 - p' = 0,709.$$

Par le théorème des probabilités composées (en admettant que les causes de décès soient indépendantes), la probabilité de ne plus payer la rente dans dix ans est :

$$Q = q'q = (0,507) \times (0,709) = 0,355$$

et la probabilité de payer encore (événement contraire du précédent) est :

$$P = 0,645.$$

On voit — ce qui n'était guère intuitif — que le fait d'ajouter un second vendeur, même nettement plus âgé que le premier, augmente notablement la probabilité de continuer à payer la rente après dix ans : cette probabilité passe de 0,493 à 0,645, soit une augmentation de près de 30 % !

Voici encore un exemple où l'application du théorème des probabilités composées donne un résultat non intuitif.

Un événement A a une probabilité assez faible, disons 1/100 pour fixer les idées. Quelle est la probabilité pour qu'il se produise au moins une fois dans une succession de 100 expériences ? Il n'est pas correct de calculer cette probabilité par le théorème des probabilités totales, en ajoutant cent fois la probabilité 1/100 de l'événement composant, ce qui conduirait à la certitude. En effet, les composants ne sont pas incompatibles et ne forment donc pas ce que nous avons appelé un système complet d'événements.

Cherchons plutôt la probabilité de l'événement contraire, c'est-à-dire la probabilité pour qu'aucune survenance ne soit observée au cours des 100 expériences.

En un coup, la probabilité contraire est $1 — 1/100$, et le théorème des probabilités composées s'applique puisque les événements sont indépendants. Donc en deux coups, la probabilité est $(1-1/100)(1-1/100)$, c'est-à-dire $(1-1/100)^2$... En cent coups, elle est de $(1-1/100)^{100}$.

Il serait pratiquement impossible de la calculer directement, sans disposer d'un micro-ordinateur. Mais on démontre en analyse, que l'expression $(1-1/m)^m$ tend, lorsque l'entier m devient de plus en plus grand, vers l'inverse du nombre e que nous avions déjà rencontré à propos de la courbe en cloche ; l'erreur commise en remplaçant $(1-1/100)^{100}$ par l'inverse de e est pratiquement négligeable.

La probabilité de n'obtenir aucun succès en 100 expériences étant $1/e$ soit 0,36, celle d'obtenir au moins un succès est de $1 — 0,36$ soit 0,64. Nous sommes loin, on le voit, de la « certitude » qu'une réponse étourdie aurait laissé prévoir.

Au long du chapitre précédent, nous avons remarqué que la probabilité qu'un expérimentateur attribue à un événement dépend dans une large mesure des informations dont il dispose (on dit parfois, ce qui ne coûte pas plus cher et donne un petit air savant : du corps d'information). Ainsi, si je jette une pièce derrière moi, la probabilité « selon moi » pour qu'elle présente le côté face est 1/2 ; mais si je la vois dans une glace (si mon corps d'information s'accroît), cette probabilité devient 0 ou 1.

Prenons un exemple moins brutal. D'un jeu de cartes bien battu, on tire une carte ; quelle est la probabilité pour que cette carte soit le roi de pique ?

Sans autre information, j'attribue la probabilité 1/52.

Supposons qu'un spectateur ait entrevu la carte et me confie qu'il s'agit d'une noire. Il n'y a plus que 26 cas possibles dont un seul favorable : j'attribue la probabilité 1/26.

Si de plus, on me confie que la carte tirée est une figure, il ne reste plus que six cartes possibles, et j'attribue la probabilité 1/6.

Lorsque le corps d'information est aussi réduit que possible, on parle de probabilité « a priori », et dans les autres cas de « probabilités conditionnelles » et, pour rappeler l'importance du corps d'information, on l'indique dans l'écriture même de la probabilité. Si E est l'événement « tirage du roi de pique » et si l'on symbolise par K le corps d'information « la carte tirée est noire », on écrira :

$$P(E) = 1/52 \qquad P(E/K) = 1/26$$

en omettant d'indiquer le corps d'information pour les probabilités a priori, puisqu'il n'y a pas alors d'ambiguïté à son sujet.

Le corps d'information peut d'ailleurs être, cela ne fait aucune différence, soit une information au sens usuel du terme, soit la connaissance qu'on a de la réalisation antérieure d'un certain événement. C'est ce qui explique la similitude de la notation $P(E/K)$ avec celle que nous avons utilisée en examinant le théorème des probabilités composées : $P(A/B)$ est la probabilité de l'événement A lorsqu'on dispose du corps d'information « B s'est produit ».

C'est un problème important de la théorie des probabilités que de chercher, dans des cas moins simples que ceux du théorème des probabilités composées, des relations entre probabilités a priori et probabilités conditionnelles : c'est ce qu'on appelle la problème de la probabilité des causes et nous l'examinerons en détail au chapitre 5.

4. L'espérance mathématique

> Nous savions bien que les mers où nous nous
> risquions
> Étaient si dangereuses,
> Que nous n'avions pas une chance sur dix
> d'en sortir vivants ;
> Et cependant nous avons risqué en raison
> Du gain espéré, faisant taire la crainte
> Des périls probables.
>
> Shakespeare, *Henri IV*, 2, acte I, v. 181 s.

En face du monde des nombres, deux attitudes sont également possibles et également fréquentes. Pour certains, les mathématiques n'ont rien à voir dans la plupart des décisions qu'exige la vie courante : elles constituent un monde à part, parallèle en quelque sorte au monde dans lequel nous vivons, un peu comme le surnaturel des chrétiens du dimanche matin : attitude de refus, de rejet, poussée parfois comme un snobisme dont on fait volontiers étalage : « Moi, je n'ai jamais rien compris aux mathématiques, tout ce que je sais, c'est que $ax^2 + bx + c$, cela fait zéro ! »

Pour d'autres, au contraire, les chiffres ont un pouvoir magique, transformant sinon en or, du moins en vérité indiscutable et infaillible tout ce qu'ils touchent : le pouvoir du « technocrate » ne vient ni de Dieu ni du suffrage populaire, il vient des chiffres.

Ces deux attitudes relèvent au fond de la même erreur que nous avions déjà signalée à propos des théories scientifiques. Une théorie, comme un calcul, ne peut rendre que ce qu'on lui a donné. Les ordinateurs sophistiqués qui travaillent pour la Maison-Blanche ne prendront jamais la décision d'engager la guerre : leurs possibilités et leur rôle sont plus modestes ; ils peuvent seulement éclairer le président sur les conséquences de tel ou tel choix. Les statisticiens du cabinet du ministre des Finances ne prendront jamais la décision d'augmenter le prix du tabac : leur rôle est seulement d'éclairer le ministre sur toutes les conséquences d'une augmentation déterminée.

En un mot les chiffres ou ceux qui les manient n'ont aucun pouvoir propre : ce sont des serviteurs, des informateurs, mais rien de plus. Il faudra garder cette modestie à l'esprit tout au long de ce chapitre.

Le terme lui-même d'espérance mathématique est assez mal choisi et peut prêter à confusion ; il faut absolument en considérer les deux termes comme un tout indissociable, au même titre que vif-argent ou chèvrefeuille ; il n'y a point d'espérance là-dedans et assez peu de mathématiques. Les auteurs anglo-saxons disent *expectation* ou *expected value,* c'est-à-dire « valeur attendue », ce qui est encore plus mauvais que notre « espérance mathématique », car nous allons voir qu'on peut « attendre » d'une expérience bien des valeurs, mais pas celle-là. D'autres enfin disent « moyenne » qui aurait été un terme fort convenable si le mot n'avait pas été mis à toutes les sauces au point que « en moyenne » signifie de nos jours « grosso modo » !

Lorsqu'on dispose d'une collection importante de nombres, résultats de mesures, liste des prix d'un concours ou d'une loterie, il est souvent impossible de tirer des conclusions sur le vu de la liste entière : celle-ci est beaucoup trop longue.

D'où l'intérêt, fût-ce au prix d'une certaine perte d'information, de pouvoir décrire quelques-unes des qualités de l'ensemble au moyen de nombres en quantité limitée. A cet effet, deux sortes de nombres sont employés couramment : les moyennes, qui décrivent l'aspect général de l'ensemble, et les mesures de dispersion qui précisent la répartition autour de la « moyenne ».

Seules les moyennes nous intéressent pour l'instant et nous allons en examiner quelques-unes. En effet, il n'y a pas une seule moyenne, mais plusieurs, répondant à des préoccupations différentes.

La moyenne arithmétique est la plus connue. Si le chiffre d'affaires de tel magasin a été en 1984 de 100 000 F, en 1985 de 120 000 F et en 1986 de 140 000 F, le chiffre d'affaires moyen au cours de ces trois années est de :

$$\frac{100\ 000\ +\ 120\ 000\ +\ 140\ 000}{3} = 120\ 000\ \text{F}.$$

Imaginons maintenant que, pendant l'année 1985, il ait fait chaque mois un chiffre d'affaires de 10 000 F, 15 000 en janvier 1986 et 19 000 en février. Il ne viendrait à l'idée de personne de prétendre que le chiffre d'affaires moyen au cours de la période 1-1-85/1-3-86 est de :

$$\frac{10\ 000\ +\ 15\ 000\ +\ 19\ 000}{3} = 14\ 666\ \text{F}$$

car les nombres 10 000, 15 000 et 19 000 se rapportent à des périodes de durée différente et doivent donc avoir un « poids » différent dans le calcul de la moyenne. Une méthode assez naturelle consiste à affecter un « poids » de 12 au premier nombre (qui porte sur 12 mois) et de 1 aux deux autres (qui portent chacun sur un mois). On obtiendrait ainsi une « moyenne pondérée » :

$$\frac{12(10\ 000)\ +\ 15\ 000\ +\ 19\ 000}{12\ +\ 1\ +\ 1} = 11\ 000\ \text{F}.$$

C'est encore une moyenne arithmétique pondérée qui est utilisée pour comparer les candidats à un concours comportant plusieurs épreuves d'importance inégale ; les « poids » sont alors les coefficients des diverses épreuves.

Une des propriétés de la moyenne arithmétique est d'être assez sensible aux valeurs extrêmes. Dans un concours où chaque candidat serait jugé par cinq personnes (la note définitive étant la moyenne arithmétique des notes données par chaque examinateur), chaque membre du jury possède un pouvoir presque dictatorial : qu'un candidat lui déplaise et qu'il lui mette une note très basse, il est pratiquement certain de l'éliminer. C'est pour atténuer cette influence des notes extrêmes que, dans certains championnats sportifs, on fait la moyenne des notes mises par les examinateurs, en excluant la plus haute et la plus basse.

On reproche aussi parfois à la moyenne arithmétique de n'être qu'une fiction de calcul ne correspondant à rien de réel : l'homme moyen n'existe pas, entend-on souvent répéter. Ce n'est pas entièrement faux ; un statisticien a eu la curiosité de calculer les dimensions d'un foie moyen, d'un cœur moyen, de poumons moyens... pour découvrir que tous « ces organes moyens » ne pouvaient absolument pas s'adapter les uns aux autres, si ce n'est pour constituer un véritable monstre de foire. La « moyenne » entre un cube de un centimètre de côté (et donc de 1 cm³ de volume) et un cube de 9 centimètres de côté (et donc de 729 cm³ de volume) devrait être un cube de 1/2 (1 + 9) soit 5 cm de côté et de 1/2 (1 + 729) = 365 cm³ de volume ! Un tel monstre n'est pas encore inventé.

Il existe bien d'autres moyennes, qui ont toutes leur utilité. Pour passer ses commandes, un marchand de chaussures se soucie peu que la moyenne — même pondérée par les nombres de paires vendues — des pointures des chaussures vendues ait telle ou telle valeur ; ce qui lui importe, c'est de connaître la pointure la plus vendue. Dans une collection de nombres, celui qui se présente le plus souvent — s'il en existe un — s'appelle le mode. C'est aussi une forme de « moyenne ». Encore un exemple : telle voiture garde 80 % de sa valeur la première année, et 20 % de la valeur résiduelle la deuxième année ; quel taux moyen donnerait le même résultat ? Le taux moyen doit être tel qu'après deux ans, la valeur résiduelle de la voiture soit la même. Donc :

$$t \times t = \frac{20}{100} \times \frac{80}{100}$$

soit :

$$t = \frac{1600}{10000} \qquad \text{ou} \qquad t = 40 \text{ \%}.$$

Cette valeur s'appelle la « moyenne géométrique » entre les deux taux 20/100 et 80/100 : elle est différente de la moyenne arithmétique (qui serait ici de 50 %).

Il est donc strictement indispensable, lorsqu'on parle de moyenne, de bien préciser de quoi il s'agit. L'espérance mathématique est effectivement une moyenne arithmétique pondérée, un exemple simple va nous montrer par quels coefficients ; c'est encore aux jeux de hasard que nous l'emprunterons.

Encore le N.º 17,
Et ma fortune est faite pour toujours.

Imaginons par exemple une loterie comportant mille billets, tous vendus, et six lots :

un de 100 F   deux de 50 F   trois de 10 F.

L'organisateur de cette loterie devra débourser à coup sûr :

$$100 + 50 + 50 + 10 + 10 + 10 = 230 \text{ F}.$$

Cette dépense n'a absolument rien à voir avec le hasard ou les probabilités, il est certain que tous ces lots devront être payés.

Ainsi, il ne ferait ni perte ni bénéfice (si on ne tient pas compte des frais d'organisation) en vendant chaque billet 0,23 F. C'est ce prix qui constitue l'espérance mathématique de l'acheteur de billet : prix tel qu'il n'y ait ni avantage ni désavantage pour l'organisateur, *donc aussi pour l'acheteur de billet*.

On voit bien qu'il ne s'agit pas d'une valeur attendue ; mon billet peut prendre les valeurs

100 F   50 F   10 F   0 F

si le cumul des lots n'est pas autorisé, ou

230 F	220 F	210 F	200 F	180 F	170 F	160 F	150 F
130 F	120 F	110 F	100 F	80 F	70 F	60 F	50 F
30 F	20 F	10 F					

si le cumul est autorisé, mais en aucun cas, il ne vaudra 0,23 F. Cette coïncidence entre le « juste prix » et l'espérance mathématique a été mise en évidence par Cournot dans un raisonnement de type économique. Après qu'un bien a été mis en loterie, explique-t-il, chacun des billets peut à son tour être considéré comme un bien et sa valeur sera la valeur de la chance dont il est le signe représentatif. Comme il n'y a aucune raison d'attribuer à l'un des billets plus de valeur qu'à un autre, deux personnes, nanties l'une de *m* billets, l'autre de *n*, posséderont des valeurs qui seront entre elles dans le rapport de *m* à *n*. Autrement dit, les « valeurs vénales » des chances de deux personnes sont proportionnelles aux probabilités qu'ont respectivement ces personnes d'obtenir l'objet mis en loterie.

Cette considération est encore insuffisante pour nous apprendre la valeur absolue de chaque chance, car chacun peut apprécier selon ses convenances cette valeur comme celle de tout autre bien. Mais, de même que les lois du marché établissent un cours pour les biens qui sont habituellement dans le commerce, il s'établirait un cours pour les chances. Ce cours serait d'ailleurs nécessairement égal à la fraction du prix de l'objet représentée par la probabilité de l'obtenir. En effet, si le cours se fixait à un niveau moins élevé, l'organisateur de la loterie ne retrouverait pas le prix de l'objet et renoncerait à s'en défaire de cette manière. En revanche, si le cours se fixait à un niveau plus élevé, des concurrents trouveraient avantage à acquérir des objets identiques et à les mettre eux aussi en loterie : par l'effet de cette concurrence, le cours se trouverait bientôt ramené au niveau que le calcul lui assigne.

C'est ce raisonnement qui permet à Cournot de présenter l'espérance mathématique comme la limite dont : « tend sans cesse à s'approcher, par les lois qui régissent le commerce libre, la valeur vénale des chances possédées par chaque prétendant à la chose, ou la valeur vénale de sa probabilité de gain ».

On peut faire, sur l'exemple concret ci-dessus, la remarque que sous-tend le raisonnement de Cournot.

Évaluons en effet les probabilités des divers gains dans le cas le plus simple où le cumul des lots n'est pas autorisé.

La probabilité de gagner 100 F est	1/1000
La probabilité de gagner 50 F est	2/1000
La probabilité de gagner 10 F est	3/1000

Multiplions chaque probabilité par le gain correspondant et ajoutons les produits obtenus :

$$100 \times 1/1000 + 50 \times 2/1000 + 10 \times 3/1000 = 0{,}23.$$

On retrouve l'espérance mathématique.

Le calcul serait beaucoup plus compliqué dans le cas où le cumul des lots est autorisé, car il faudrait évaluer à l'aide des principes des probabilités totales et composées les probabilités de toutes les valeurs possibles du billet. Mais on trouverait le même résultat. C'est le grand intérêt de la notion d'espérance mathématique : l'espérance totale attachée à plusieurs événements est la somme des espérances mathématiques attachées à chacun d'eux, qu'ils soient indépendants ou pas.

Alors que pour trouver la probabilité il est nécessaire, comme on l'a dit à propos des principes des probabilités totales et composées, d'analyser soigneusement l'expérience, de savoir si les divers résultats possibles sont indépendants ou non, s'ils sont incompatibles ou non, pour l'espérance mathématique, tout cela importe peu : dans tous les cas, on fait la somme des espérances partielles.

Une mesure de l'équité

La notion d'espérance mathématique permet d'affiner l'idée confuse que nous pouvions avoir d'un jeu équitable. Un jeu est équitable si la mise d'un joueur est égale à son espérance mathématique ; si ces deux valeurs sont inégales, leur différence mesure l'avantage de l'un ou l'autre joueur.

Commençons par quelques exemples de calcul de l'espérance mathématique.

Je jette un dé avec les conventions suivantes : si j'amène un point pair (2, 4 ou 6) je gagne la valeur de ce point (2, 4 ou 6 francs) ; si j'amène un point impair, je perds sa valeur. Quelle est mon espérance mathématique ?

Chaque face a une probabilité d'apparaître égale à 1/6 ; si nous considérons une perte comme un gain négatif, l'espérance mathématique est :

$$E = 1/6(2) + 1/6(4) + 1/6(6) + 1/6(—1) + 1/6(—3) + 1/6(—5)$$

soit au total 1/2.

Pour que le jeu soit équitable, je devrai donc acheter 50 centimes le droit de faire une partie.

Voici un exemple qui ne fait pas, pour une fois, appel aux jeux de hasard. J'ai six tonneaux dans ma cave, trois de bordeaux et trois de bourgogne mais je ne sais plus lesquels contiennent l'un ou l'autre de ces vins. Je souhaite tirer du bourgogne, et pour cela, je prends un tonneau au hasard et j'y goûte. Quelle est l'espérance mathématique du nombre de tonneaux que je goûterai ?

Nous ferons une hypothèse naturelle : je suis supposé assez lucide pour, après avoir goûté d'un tonneau, l'éliminer de mes recherches ultérieures. Dans ces conditions j'ai une

probabilité 3/6   de goûter à un tonneau seulement
probabilité 3/6. 3/5 de goûter deux tonneaux.

Dans tous les autres cas, je goûterai trois tonneaux, soit avec une probabilité $1 - 3/6 - 3/6. 3/5 = 2/10$.

L'espérance mathématique cherchée est :

$$3/6 \ (1) + 3/10 \ (2) + 2/10 \ (3) = 2,1.$$

Voici maintenant un petit calcul dont le résultat va décevoir bien des joueurs. Supposons que nous jouions à la roulette, avec la convention que la sortie du 0 fait perdre toutes les mises placées sur une couleur. Est-il plus avantageux de placer 100 F sur le rouge, ou de placer 50 F sur le rouge et 50 sur le noir ? Aucun joueur sensé n'accepterait de jouer suivant la seconde de ces méthodes puisqu'elle ne laisse espérer *aucun* gain, et risque même de nous faire perdre toute la mise avec une probabilité de 1/37. Et pourtant les espérances mathématiques sont dans les deux cas *rigoureusement égales*.

En effet, les probabilités respectives de la sortie de rouge, noir ou zéro sont 18/37 18/37 et 1/37. Pour la première méthode, l'espérance mathématique est :

$$E = 200 \times 18/37$$

et pour la seconde :

$$E = 100 \times 18/37 + 100 \times 18/37.$$

C'est le moment de nous rappeler que les nombres ont seulement à éclairer notre conduite, non à la dicter. Il est bien évident que, même en sachant le jeu légèrement défavorable, il se trouvera bien des joueurs pour miser 100 F sur le rouge ; ce comportement n'a rien de pathologique. Ils s'offrent ainsi, pour une espérance de dépense relativement minime de

$$100 - 200 \times 18/37 = 3 \text{ F}$$

le plaisir du jeu, l'espoir de gagner 100 F ou la crainte de les perdre. On peut très bien préférer pour ce prix prendre un café au bar du casino : c'est une affaire de goût. Tandis que la seconde façon de jouer, si elle est mathématiquement équivalente à la première, est psychologiquement inacceptable.

Nous voyons là une première attaque contre ceux qui voudraient faire de l'espérance mathématique un critère absolu de décision : elle est incapable de rendre compte de tous les choix que peut faire devant une expérience un sujet « normal ».

Borel cite l'exemple d'un homme fort riche qui attend un mandat important pour le lendemain. Il ne lui reste en poche que 300 dollars, mais il a un très grand intérêt à prendre un bateau qui appareille dans la journée. Le prix du passage est de 400 dollars. Si notre homme joue ses 300 dollars contre 200 au jeu de pile ou face, il agira d'une manière qui est mathématiquement insensée mais pratiquement fort avisée.

De même un organisateur de loterie vend sans peine 30 F des billets n'ayant qu'une espérance mathématique de 10 F pour peu que les lots soient habilement répartis : un petit nombre de très gros lots alléchera le public tandis qu'à l'inverse, celui qui promettrait un lot de 10 F à *tous* les billets exciterait la risée.

Il est un autre correctif important à la valeur de l'espérance mathématique comme facteur de la décision, qui est lié aux conséquences personnelles de l'expérience. Si toute ma fortune s'élève à 10 000 F, je ne serai pas tenté de la jouer à pile ou face, même contre 10 001 F bien que le jeu soit théoriquement à mon avantage. De même, je refuserai de parier toute ma fortune contre 5 F que le numéro 65473 sortira au prochain tirage de la Loterie nationale, bien que l'espérance mathématique soit tout en ma faveur.

C'est par le même raisonnement qu'un père de famille s'assure sur la vie, contre l'incendie ou tout autre sinistre pouvant avoir pour lui ou pour sa famille des conséquences extrêmement graves : il fait un marché théoriquement désavantageux, puisqu'en plus de la prime pure, il paye le chargement, c'est-à-dire les frais, les taxes et le bénéfice de la compagnie d'assurances. Cependant, il agit sagement en s'assurant.

On a voulu rendre compte de ces difficultés en définissant une « espérance relative », rapport de l'espérance mathématique à la fortune totale du joueur. Cette tentative artificielle a eu fort peu de succès pour deux raisons. D'une part, on perd le merveilleux avantage de l'espérance mathématique : l'espérance attachée à plusieurs événements est la somme des espérances attachées à chacun d'eux. Et au regard de cette perte, on n'a acquis qu'un très mince avantage car le chiffre de la fortune n'est pas le seul critère qui permette d'apprécier la valeur subjective d'un gain ou d'une perte.

On a voulu définir alors une grandeur plus complexe, qui n'a plus aucun lien mathématique avec les précédentes. Elle a fait carrière chez les économistes sous le nom d'« utilité » ; c'est en quelque sorte une théorie subjective de l'espérance mathématique et une tentative pour formuler en chiffres la vieille notion de sanction (pas nécessairement au sens de punition, bien entendu). Une sanction est d'autant plus efficace qu'elle est plus

> grave   ⎫   ce sont les composants de
> certaine   ⎬   l'espérance mathématique
> immédiate   ⎭
> proportionnée à celui qui la subit.

Ces deux derniers qualificatifs sont plus difficiles à réduire en chiffres, mais non moins importants que les deux autres. Les contraventions laissaient indifférents les industriels lyonnais qui les passaient en frais généraux : le tribunal qui, en 1962, a infligé une peine de prison à une femme d'affaires pour un délit de stationnement s'est souvenu de ce quatrième critère de la sanction. Si le pari de Pascal ne peut convaincre que les convaincus, c'est que la sanction qu'il nous laisse entrevoir, la vie éternelle, n'est pas immédiate et apparaît même fort lointaine à un homme jeune et en bonne santé.

Le paradoxe de Saint-Pétersbourg

Toutes les atténuations que nous avons apportées jettent quelque lumière sur ce paradoxe fort célèbre, qui a soulevé et soulève aujourd'hui de nombreuses discussions. Il peut s'énoncer ainsi :

« Pierre et Paul jouent à pile ou face. Si face sort au premier jet, Pierre donne 2 F à Paul et le jeu s'arrête. Si face sort au second jet seulement, Pierre donne 4 F (c'est-à-dire le double de ce qu'il aurait donné au coup précédent) et la partie s'arrête. Si face sort pour la première fois au $n^{\text{ième}}$ jet seulement, Pierre devra donner 2 2 2...2 (n fois) soit 2^n francs. Quel doit être l'enjeu de Paul pour que le jeu soit équitable ? »

Il faut pour cela calculer l'espérance mathématique de Paul.

La probabilité de voir face sortir au premier jet est 1/2.

La probabilité de voir face sortir au second jet, mais pas au premier, est, d'après le principe des probabilités composées $1/2 \times 1/2 = 1/4$.

La probabilité de voir face sortir pour la première fois au $n^{\text{ième}}$ jet est, en généralisant, 1/2 1/2 1/2... 1/2 (n fois) soit $1/2^n$.

L'espérance mathématique attachée au $n^{\text{ième}}$ jet est donc exactement de $2^n \times 1/2^n$, soit 1 F et par conséquent, si on ne limite pas le nombre de parties, l'espérance mathématique de Paul est infinie, et infini aussi devrait être son enjeu.

C'est là le paradoxe de Saint-Pétersbourg : bien peu de gens accepteraient la place de Paul, même si, au lieu d'une somme infinie, on ne leur demandait par exemple que 1 000 F. Et pourtant, ni le calcul ni la théorie ne sont en défaut. Le problème est, au moins du point de vue pratique, un faux problème.

En effet, la fortune de Pierre, si grande soit-elle, est nécessairement finie et il ne peut s'engager à risquer au-delà ;

certes, une très longue séquence de « pile » est très peu probable, mais elle reste possible. Par exemple, si Pierre possède 10 millions, il ne peut s'engager que si le nombre de coups est limité à 23. Car, si face n'apparaît qu'au 23ᵉ coup, il devra payer $2^{23} = 8\ 388\ 608$ F, ce qui est dans ses possibilités ; tandis que si face n'apparaît qu'au 24ᵉ coup, il devrait payer 16 772 216 F ce qui excède ses possibilités.

Mais le problème est alors tout différent si on limite à 23 le nombre de jets : l'espérance mathématique de Paul est de 23 F, et c'est un prix qu'il ne paraîtrait pas déraisonnable de payer pour avoir le droit de jouer cette partie.

La ruine des joueurs

Ceci est une autre question à laquelle la notion d'espérance mathématique permet d'apporter une solution extrêmement simple, très sensiblement plus courte qu'un calcul direct sur les probabilités.

Pierre et Paul (ce sont décidément des joueurs invétérés !) jouent à un jeu équitable et font un nombre de parties illimité ; plus exactement, ils conviennent que le jeu ne s'arrêtera que lorsque l'un d'eux sera ruiné. La fortune de Pierre est m, celle de Paul n ; quelle est la probabilité pour chacun d'eux de gagner (c'est-à-dire de ruiner l'adversaire) ?

Le jeu peut être assimilé à une partie unique dans laquelle un joueur, risquant m francs, obtient $m + n$ francs s'il gagne. Désignons par p la probabilité pour qu'il en soit ainsi. Son espérance mathématique est :

$$p(m + n)$$

et comme le jeu est équitable, cette espérance doit égaler l'enjeu :

$$m = p(m + n)$$

d'où la probabilité cherchée pour que Pierre ruine Paul :

$$p = \frac{m}{m + n}$$

Par exemple, si les joueurs ont des fortunes égales, $m = n$ et $p = 1/2$; un joueur qui serait deux fois plus riche que son adversaire aurait une probabilité de le ruiner de :

$$\frac{2}{2 + 1} = \frac{2}{3}.$$

On peut former le tableau donnant la probabilité de ruine :

A : rapport des fortunes du plus riche et de son adversaire
P : probabilité qu'a le plus riche de ruiner son adversaire

A	1	2	3	4	5	6	9	99
P	1/2	2/3	3/4	4/5	5/6	6/7	9/10	99/100

C'est ce que traduit le dicton populaire : « L'argent va à l'argent. »

Poussons plus loin encore ce calcul : un joueur qui accepterait de jouer contre tout adversaire qui se présente se trouverait dans la même situation que celui qui jouerait contre un joueur unique mais dont la fortune serait infinie ; il est alors *certain* de se ruiner. Car plus n est grand et plus le rapport $\frac{n}{m + n}$ est voisin de 1.

On objectera peut-être le cas de tel joueur heureux qui a fait fortune à un jeu équitable ; outre qu'il ne doit pas y en avoir beaucoup, l'objection ne vaut rien car, si acharné que soit un joueur, il ne peut dans sa vie jouer que contre un nombre fini d'adversaires. Dans ces conditions, si sa fortune personnelle est suffisamment importante, le rapport $n/n + m$ peut différer sensiblement de 1.

Apparemment plus troublante est la constante prospérité des casinos, qui pourtant acceptent de jouer contre tout candidat. Mais la question est totalement différente car les jeux publics ne sont jamais équitables : nous avions fait cette remarque tout au début de ce livre et nous sommes maintenant en mesure de la préciser. Prenons par exemple la roulette :

pour un enjeu de 1 F, l'espérance mathématique n'est que les 36/37 de 1 F. Tout se passe comme si, pour jouer à un jeu équitable, il y avait lieu de payer un « droit d'entrée », une participation aux frais généraux de l'établissement, égale au trente-septième des sommes mises en jeu.

Par exemple, tel pourra considérer obtenir un plaisir égal d'une place de théâtre de 200 F ou d'une soirée autour du tapis vert. Le total des mises qu'il pourra exposer, en un ou plusieurs coups, cela n'a aucune espèce d'importance, est de 200 fois 37, soit 7400 F et ceci, bien entendu, quel que soit le résultat des premiers coups joués. Il ne faut pas s'autoriser de quelques coups heureux pour s'accorder une augmentation des mises autorisées : les coups heureux, tout comme les autres, ont servi au calcul de l'espérance mathématique.

Cependant, tous ces raisonnements reposent sur une hypothèse implicite mais essentielle : l'égalité des chances des divers cas possibles. Dès que cette égalité n'est plus réalisée, le calcul ne tient plus.

Cette circonstance peut se produire de différentes façons. Dans les toutes premières années du siècle, racontent G. W. Herald et E. D. Rudin dans *Un siècle de roulette,* un ingénieur écossais nommé Williams Jaggers mit au point un système extrêmement redoutable. Il avait examiné avec beaucoup de soin la manière dont la roulette était construite : il remarqua que le pivot était constitué par un cylindre d'acier comportant dans sa partie supérieure un évidement dans lequel une goupille prenait place. Cette goupille était le point faible de la roulette : une usure imperceptible déséquilibre la roulette et rompt par là même l'égalité des chances des divers numéros.

Pendant plus d'un mois, aidé par quelques amis, il nota les numéros sortant à toutes les tables du casino de Monte-Carlo : par l'examen attentif de ces listes, Jaggers remarqua une des tables où certains numéros semblaient sortir avec une fréquence anormale : il ne restait qu'à passer à l'action.

En quatre jours, il « rafla » deux millions quatre cent mille francs (des francs 1900, bien entendu !), devenant d'un seul coup l'objet de l'attention générale. La direction du casino perdit bien davantage car de nombreux joueurs se mirent à

SOUVENIR DE MONTE-CARLO

a Salle de la Roulette

miser comme Jaggers : on le soupçonna de tricher, on le surveilla avec autant de soin que d'assiduité, rien n'y fit.

Le directeur, Camille Blanc, fit alors noter les numéros que misait Jaggers et, un soir après la fermeture des salles, il se mit à jouer avec les employés de la maison, en misant sur les numéros de la liste de Jaggers : ils gagnèrent rapidement une somme importante.

Blanc fit alors permuter les roulettes de table et le lendemain, Jaggers commença à perdre : il comprit assez vite la manœuvre de la direction, et, cessant de jouer, il fit le tour de la salle de jeux. A quelques défauts imperceptibles, son œil exercé lui permit de retrouver « sa » roulette : il se remit à jouer et à gagner.

Le problème devenait angoissant pour le casino, car Jaggers ne faisait rien d'illégal. On envoya un des directeurs à Strasbourg, chez le fabricant des roulettes pour demander conseil. Là, on lui suggéra de changer tous les jours les séparations entre les trous de la roulette : les inégalités de ces séparations devaient compenser celle de la roue elle-même.

Jaggers comprit rapidement qu'il avait été « contré », et avec beaucoup de sagesse cessa de jouer : il emportait quand même plus d'un million de bénéfice. Mais l'alerte avait été chaude pour le Casino.

D'ailleurs une telle méthode n'est possible qu'à la roulette, où l'avantage du casino est de 1/37 soit moins de 3 %. A la boule — où il est de 11 % — il est rigoureusement impossible de remonter un tel handicap.

Il est une autre circonstance dans laquelle l'égalité des chances des divers cas possibles n'est plus réalisée : il s'agit d'un jeu de cartes fort populaire aux États-Unis, le 21. En 1961, un livre intitulé *Faites sauter la banque* eut là-bas un succès foudroyant ; il était l'œuvre d'un jeune professeur de mathématiques de Los Angeles, Edword O. Thorp.

« Le 21 se joue avec 52 cartes, entre un banquier et un nombre illimité de joueurs. Toutefois, pour que le banquier puisse faire plusieurs tours, on compte un jeu de 52 cartes par 4 joueurs, et on mêle tous les jeux ensemble. Chaque joueur place devant lui l'enjeu qui lui convient (il y a toutefois un maximum fixé par le règlement). Le banquier distribue deux cartes à chacun et à lui-même. Chacun regarde son jeu, et s'il n'a pas 21 ou un jeu se rapprochant de ce chiffre, il demande une carte (pour compter les points, chaque carte est comptée pour sa valeur, les figures pour 10 et l'as pour 1 ou 11 au choix du joueur).

« Tout joueur qui dépasse 21 perd son enjeu ; parmi les autres, le gagnant est celui qui a le plus fort total et il reçoit tous les enjeux. »

Telle est la règle du 21 de salon. Pour qu'il soit utilisable en jeu de casino, il fallait donner un avantage au banquier. Cela a été réalisé en abaissant de 21 à 16 le total des points pour le seul banquier, et en exigeant de tout joueur qui redemande une carte qu'il double sa mise.

Des techniciens de l'armée américaine avaient étudié ce jeu et montré que l'avantage statistique du casino n'était que de 1/160, chiffre nettement plus faible que pour la plupart des autres jeux publics. Ces résultats, publiés dans le *Journal of American Statistical Association,* avaient attiré l'attention de Thorp qui se demanda si une circonstance analogue à l'usure de la roulette ne pouvait pas se produire au 21, renversant ainsi le léger avantage du casino.

C'est en effet le cas, car un même jeu sert pour plusieurs parties successives ; les cartes tournées à la première partie ne figurent donc plus parmi celles qu'on distribue pour la seconde, et donc, dès cette seconde partie, toutes les cartes n'ont plus des probabilités égales.

A l'aide d'un ordinateur IBM 704, Thorp examina tous les cas possibles et il en tira une stratégie de jeu. Il la mit effectivement à l'épreuve dans un casino de Reno, la capitale du jeu : il fit « sauter la banque » en moins d'une heure, encaissant l'équivalent de 800 000 F actuels. Hélas, on le repéra rapidement, et, sans qu'aucune fraude ne puisse lui être reprochée, il voit maintenant se fermer devant lui les portes des casinos : mais la brèche qu'il a ouverte est sérieuse et il a fallu modifier le règlement du jeu pour anéantir cette dangereuse martingale.

Quant à Thorp, s'il n'a pas pu continuer à faire fortune au jeu, il s'est rattrapé en vendant trois millions d'exemplaires de l'ouvrage décrivant sa méthode. Mais, malheureusement, ces bénéfices-là sont soumis à l'impôt !

Toutes les réserves que nous avons faites au cours de ce chapitre sur l'emploi de l'espérance mathématique comme critère de décision ne doivent pas jeter la suspicion sur la notion elle-même : c'est une quantité qu'il est commode d'introduire dans certains calculs et rien de plus. Encore une fois, probabilité et certitude ne se mesurent pas à la même échelle. Avoir une chance sur cent de gagner 1 000 F vaut mathématiquement 10 F. « Un tiens vaut mieux que deux tu l'auras », diront certains, qui préfèrent avoir 5 F en poche plutôt que de courir une telle chance. « La fortune sourit aux audacieux », penseront d'autres, et ils paieront volontiers 15 F le droit de courir cette chance.

5. Probabilités des causes

Tout procédé de calcul appelle sa contrepartie. Ayant défini l'addition, on a éprouvé le besoin d'une opération inverse, la soustraction. La multiplication appelle la division, le calcul différentiel appelle le calcul intégral.

De même, le calcul des probabilités, qui porte des jugements sur l'avenir, qui est en quelque sorte un instrument de prédiction, appelle un instrument de rétrodiction, qui porte des jugements sur le passé : la théorie de la probabilité des causes.

Encore un mot mal choisi, décidément la théorie des probabilités est riche de telles impropriétés de langage ! Certains auteurs ont proposé « antécédence » qui est moins déterministe que « cause » : c'est en effet la plus importante propriété d'une cause, en calcul des probabilités, que d'être *antérieure* à sa conséquence.

Prenons pour commencer un exemple extrêmement simple, qui a déjà été présenté au lecteur. Deux urnes *A* et *B* contiennent 1 000 boules chacune ; on pourrait prendre un exemple plus familier sans dommage pour la démonstration : tout le monde ne dispose pas de 2 000 boules et les urnes se font rares. Imaginons deux caisses *A* et *B* contenant 1 000 chaussettes chacune ; *A* contient 90 % de chaussettes noires et 10 % de zébrées, tandis que *B* contient 10 % de noires et 90 % de zébrées. On choisit une caisse au hasard et on en tire une chaussette au hasard ; on constate que cette chaussette est noire, quelle est la probabilité pour qu'elle provienne de la caisse *A* ?

Appelons *E* l'événement ; « la caisse choisie est *A* » et la chaussette qu'on en tire est noire ; nous allons évaluer de deux façons différentes la probabilité de *E*. Cet événement résulte :

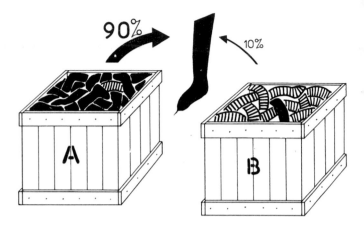

— du choix a priori de la caisse *A* (probabilité 1/2),
— du tirage d'une chaussette noire de *A* (probabilité 9/10).

Le théorème des probabilités composées donne la probabilité de *E* :

$$P(E) = 1/2 \times 9/10 = 9/20.$$

Mais on peut considérer que *E* résulte :
— du tirage d'une chaussette noire de l'ensemble des deux caisses,
— du fait que cette chaussette noire provient précisément de *A*.

Le premier de ces événements composants a pour probabilité 1/2, puisque dans l'ensemble des deux caisses, il y a autant de chaussettes noires que de zébrées. Quant au second, sa probabilité est précisément l'objet de notre recherche, *P(A)*. Appliquons une nouvelle fois la formule des probabilités composées :

$$P(E) = 1/2 \, P(A).$$

Il ne reste plus qu'à comparer les deux expressions obtenues pour le même nombre *P(E)* pour trouver *P(A)* = 9/10.

On voit que si, a priori, chaque caisse avait la même probabilité d'être choisie, l'information supplémentaire « la chaussette tirée est noire » augmente considérablement la probabilité correspondant à la caisse A (c'est-à-dire celle qui contient le plus de chaussettes noires, l'intuition est en accord avec le calcul).

Reprenons maintenant le même problème, mais sans préciser les valeurs numériques :

— de la probabilité a priori de choisir A ou B,
— de la probabilité de tirer de A une chaussette noire,
— de la probabilité de tirer de B une chaussette noire.

Nous désignerons par des lettres toutes ces probabilités, soit respectivement $c(A)$ et $c(B)$, $n(A)$ et $n(B)$.

Le raisonnement n'est nullement modifié. L'événement E « la chaussette est noire et elle provient de A » résulte de la conjonction des événements :

— le tiroir A est choisi a priori (probabilité $c(A)$),
— le tirage d'une chaussette noire de A (probabilité $n(A)$).

Sa probabilité est donc :

$$P(E) = c(A) \, n(A).$$

Mais le même événement résulte tout aussi bien :

— du tirage d'une chaussette noire de l'ensemble des caisses,
— du fait que cette chaussette provienne précisément de A.

La probabilité du second de ces événements composants est la valeur $P(A)$ cherchée. Pour trouver la probabilité du premier nous appliquerons le théorème des probabilités totales. En effet, cet événement résulte de l'un ou l'autre de deux constituants incompatibles :

— on choisit A et la chaussette est noire (probabilité $c(A) \, n(A)$),
— on choisit B et la chaussette est noire (probabilité $c(B) \, n(B)$).

D'où sa probabilité :

$$c(A) \, n(A) + c(B) \, n(B).$$

On dispose donc maintenant d'une seconde évaluation de la probabilité de E :

$$P(E) = P(A) [c(A)\, n(A) + c(B)\, n(B)]$$

que nous comparons à la première pour obtenir $P(A)$:

$$P(A) = \frac{c(A)\, n(A)}{c(B)\, n(B) + c(A)\, n(A)}.$$

C'est la formule de Bayes. Bien entendu, elle se généralise au cas de plusieurs caisses, par exemple quatre. Avec des notations tout à fait analogues, la formule de Bayes s'écrirait :

$$P(A) = \frac{c(A)\, n(A)}{c(A)\, n(A) + c(B)\, n(B) + c(D)\, n(D) + c(F)\, n(F)}.$$

En résumé, lorsqu'on connaît les probabilités a priori d'intervention des différentes causes (traduisons : de choix des différentes caisses), la formule de Bayes est une simple conséquence mathématique des théorèmes des probabilités totales et composées : mais c'est justement par cette détermination des probabilités a priori que le bât blesse, nous n'allons pas tarder à nous en rendre compte. Restons cependant encore quelques instants dans un « bon » cas.

Tilt...

Les deux machines à sous d'une salle de jeux permettent normalement de gagner avec une probabilité 0,2 ; mais l'une d'elles — laquelle, je ne sais — est détraquée et permet de gagner avec la probabilité 0,6. Je choisis au hasard une machine et je me mets à jouer ; quelle est la probabilité pour que ce soit la machine détraquée :

a. avant que je ne commence à jouer,
b. si je joue une partie et si je la gagne,
c. si je joue une partie et si je la perds,

    d. si je joue deux parties et si je les gagne toutes les deux,

    e. si je joue deux parties et si je les perds toutes les deux,

    f. si je joue deux parties et si je gagne la première et perds la seconde,

    g. si je joue deux parties et si je perds la première et gagne la seconde.

    a. A priori, la probabilité p de choisir la machine normale est 1/2, de même que la probabilité q de choisir la machine détraquée.

    b. Soit $p(g)$ la probabilité d'avoir choisi la machine normale après une partie gagnée, et $q(g)$ la probabilité d'avoir choisi la machine détraquée dans les mêmes conditions.

La formule de Bayes nous donne :

$$q(g) = \frac{1/2\,0{,}6}{1/2\,0{,}6 \,+\, 1/2\,0{,}2} = \frac{0{,}6}{0{,}8} = 0{,}75$$

et bien entendu, pour l'événement contraire :

$$p(g) = 1 - q(g) = 0{,}25.$$

Ainsi, si je gagne la première partie, il y a trois chances sur quatre pour que ce soit sur la machine détraquée.

    c. D'une façon tout à fait semblable, après une partie perdante

$$q(p) = \frac{1/2\,0{,}4}{1/2\,0{,}4 \,+\, 1/2\,0{,}8} = 0{,}33$$

et

$$p(p) = 1 - 0{,}33 = 0{,}67.$$

    d. Si la première partie a été gagnante, au seuil de la seconde, les nouvelles probabilités a priori sont $q(g)$ et $p(g)$ soit 0,75 et 0,25. La formule de Bayes nous donne la probabilité $q(gg)$ d'avoir choisi la machine détraquée après deux parties gagnées :

$$q(gg) = \frac{(0{,}75)\,(0{,}6)}{(0{,}75)\,(0{,}6) \,+\, (0{,}25)\,(0{,}2)} = 0{,}9.$$

Si donc je gagne deux fois de suite, il y a neuf chances sur dix pour que ce soit sur la machine détraquée.

e. Si, au contraire, la première partie a été perdante, au seuil de la seconde, les nouvelles probabilités a priori sont $q(p)$ et $p(p)$ soit 0,67 et 0,33. La formule de Bayes nous donne la probabilité $q(pp)$ d'avoir choisi la machine détraquée après deux parties perdantes :

$$q(pp) = \frac{(0,33)\ (0,4)}{(0,33)\ (0,4)\ +\ (0,67)\ (0,8)} = 0,2.$$

Ainsi, si je perds deux fois de suite, il y a huit chances sur dix pour que ce soit sur la machine normale. On voit que les parties gagnées renseignent davantage que les parties perdues : c'est que la machine normale est plus désavantageuse pour le client que la machine détraquée ne lui est favorable.

De même, avec des notations évidentes, les réponses aux deux dernières questions sont :

$$q(gp) = \frac{(0,75)\ (0,4)}{(0,75)\ (0,4)\ +\ (0,25)\ (0,8)} = 0,6$$

$$\text{et}\quad q(pg) = \frac{(0,33)\ (0,6)}{(0,33)\ (0,6)\ +\ (0,67)\ (0,2)} = 0,6$$

ce qui est bien naturel : gagner une partie et perdre l'autre nous renseigne de la même manière, quel que soit l'ordre dans lequel sont jouées ces deux parties.

Le tricheur à l'écarté

Ce problème amusant, dû à Henri Poincaré, met en évidence la sensibilité de la théorie de Bayes au choix des probabilités a priori.

« Pierre joue à l'écarté avec un inconnu qui, la première fois qu'il distribue les cartes, retourne le roi. Quelle est la probabilité pour qu'il soit un tricheur ? »

Évaluons les diverses probabilités dont nous pourrons avoir

On trichait aussi au temps des incroyables.

besoin pour appliquer la formule de Bayes. Soit $P(T)$ la probabilité a priori pour que l'adversaire inconnu soit un tricheur, et $P(T/R)$ la probabilité pour qu'il soit un tricheur s'il retourne le roi la première fois qu'il en a l'occasion.

Appelons a la probabilité qu'un joueur honnête a de retourner un roi (a est d'ailleurs facile à calculer, elle vaut 4/32, soit 1/8) et a' la probabilité qu'un tricheur a de retourner un roi. Je ne connais pas de tricheur professionnel, mais je ne pense pas qu'un tel joueur tourne le roi plus d'une fois sur 4, sinon il serait démasqué avant d'avoir eu le temps de réaliser de substantiels bénéfices. Prenons donc pour a' la valeur 1/4. Désignons enfin par $P(H)$ la probabilité pour que mon adversaire soit honnête (la somme $P(H) + P(T)$ est d'ailleurs égale à l'unité comme somme des probabilités de deux événements contraires).

Nous pouvons maintenant écrire la formule de Bayes :

$$P(T/R) = \frac{a'\ P(T)}{a'P(T)\ +\ aP(H)} = \frac{0,25\ P(T)}{(0,25)\ P(T)\ +\ (0,125)\ P(H)}$$

c'est-à-dire en remplaçant $P(H)$ par $1-P(T)$ et en simplifiant :

$$P(T/R) = \frac{2P(T)}{P(T)\ +\ 1}.$$

Si $P(T) = 0$, c'est-à-dire si j'ai la certitude absolue que mon adversaire n'est pas un tricheur, $P(T/R)$ vaut aussi 0, autrement dit, ma confiance n'est pas ébranlée par la sortie d'un roi.

Si j'ai une légère méfiance, évaluant par exemple à 1/10 000 la probabilité pour que mon adversaire soit un tricheur, $P(T/R)$ est peu différente de 1/5 000, c'est-à-dire que la sortie d'un roi « double ma méfiance ».

Si $P(T) = 1/2$, autrement dit si l'on suppose égales les probabilités a priori pour que l'inconnu soit tricheur ou honnête, $P(T/R)$ vaut 2/3, c'est dire que ma méfiance augmente considérablement. Mais il faut observer que Pierre agirait bien légèrement en engageant une partie contre un adversaire dont il aurait une opinion aussi peu flatteuse.

Le problème du tricheur met clairement en évidence la principale difficulté de la théorie de Bayes : les résultats dépendent considérablement des probabilités a priori et l'évaluation de ces probabilités est parfois délicate. Ces probabilités (on les appelle parfois aussi les coefficients de Bayes) ne résultent pas toujours de la donnée du problème.

Que faire si l'on ignore les valeurs de ces coefficients ? Faute de mieux, et par le principe de raison suffisante, on accorde parfois des probabilités égales aux interventions des diverses causes possibles ; mais il n'y a aucune base expérimentale ou logique à un tel « axiome de Bayes ». Empruntons à la plume d'O. Costa de Beauregard une excellente interprétation de cette propriété de la théorie de Bayes :

« Le problème de concilier la symétrie passé-futur implicitement postulée pour chaque épreuve [...] du calcul classique des probabilités, avec la dissymétrie manifeste, imposée par les faits, entre problèmes de prédiction et problèmes de rétrodiction [...] est, on le sait, résolu par le principe de Bayes. Si, observe Watanabe, l'on me montre un jeu de cartes rangé dans l'ordre exact des figures (ou dans toute autre configuration arbitrairement spécifiée a priori) *en fait*, je ne croirai pas que cette complexion particulière ait pu résulter d'un battage aveugle. Le rôle des coefficients de Bayes est précisément de traduire mathématiquement cette impossibilité de fait. [...]

« Il est bien connu que si l'on choisit les coefficients de Bayes tous égaux entre eux (et c'est la triste obligation à laquelle on est réduit lorsqu'on ne sait rien, qu'on n'a l'idée d'aucune hypothèse touchant la genèse possible du système) alors, la formule des probabilités de rétrodiction devient formellement identique à celle des probabilités de prédiction ; c'est ce que Watanabe exprime en disant que la rétrodiction statistique aveugle [...] est temporellement symétrique de la prédiction statistique. »

Et de conclure :

« Le calcul classique des probabilités ne déduit aucunement l'irréversibilité statistique de prémisses qui ne la contiendraient pas. Au contraire, l'irréversibilité est posée dans les prémisses mêmes, comme une dissymétrie a priori entre problèmes de prédiction et problèmes de rétrodiction. »

Cette interprétation est intéressante en ce qu'elle met en évidence un « individualisme » fondamental de la formule de Bayes. La simplicité de la démonstration mathématique qui établit cette formule à partir des théorèmes des probabilités totales et composées risque, en effet, de nous laisser oublier cet individualisme.

Les problèmes de probabilités des causes sont extrêmement nombreux et variés. En particulier, chaque fois qu'on détermine une probabilité par l'expérience — on dit qu'on fait une « estimation » —, on résout en réalité un problème de probabilités des causes. Une fois de plus, c'est le jeu de pile ou face qui va nous servir d'entremetteur auprès des problèmes pratiques, d'étude toujours plus délicate.

Registre paroissial des naissances (époque révolutionnaire).

Pile ou face, garçon ou fille

Imaginons une très longue partie de pile ou face, disons 100 millions de coups, et supposons que nous ayons obtenu 51 millions de fois le côté face et 49 millions de fois le côté pile. Deux « causes » sont possibles : ou bien la pièce utilisée n'est pas parfaitement symétrique, en sorte que les deux côtés n'ont pas la même probabilité ; ou bien la pièce est normale, mais il s'est produit un écart exceptionnel.

Nous avons déjà étudié la probabilité d'écarts de cette espèce ; pour 100 millions de jets, l'unité décimale d'écart est de 10 000. L'écart observé est de un million, soit cent fois l'unité décimale d'écart : la probabilité d'un tel écart dû au seul hasard est de 10^{-100^2}, c'est-à-dire un nombre dont la petitesse dépasse tous les exemples donnés dans ce livre. Sans même qu'il soit nécessaire de faire par la formule de Bayes une analyse plus fine, on doit rejeter l'hypothèse que l'écart est fortuit : il nous faut admettre une dissymétrie, le côté « pile » ayant une probabilité inférieure au côté « face ».

Le même raisonnement vaut pour un problème soulevé depuis longtemps, depuis que des statistiques précises d'état civil ont pu être dressées. On a observé qu'il naît plus de garçons que de filles (environ 51 % de garçons et 49 % de filles) et cette observation résulte de l'enregistrement d'un très grand nombre de naissances (certainement plus de cent millions, mais ce chiffre est très suffisant pour notre propos).

Le raisonnement précédent montre qu'il n'est pas possible d'attribuer au hasard un écart aussi important. Les probabilistes renvoient dès lors le problème aux biologistes, à charge pour ces derniers d'y apporter une explication : y a-t-il une mortalité prénatale plus forte chez les sujets féminins, ou y a-t-il inégalité de probabilité dès l'instant de la conception ? De toute façon, on refuse toute explication finaliste qui s'appuierait sur l'observation que, par leur activité humaine, les mâles ont durant leur vie une mortalité supérieure à celle de leurs compagnes, et qu'il faut bien qu'il naisse, pour compenser, plus de garçons que de filles. La finalité n'est point parmi les causes reconnues habituellement.

Il est cependant troublant (mais peut-être pas inexplicable) qu'après les grandes guerres, le taux des naissances masculines (et non seulement le chiffre global des naissances) se relève légèrement, comme s'il s'agissait de compenser la forte mortalité essentiellement masculine due au conflit. Pour la France, les proportions sont les suivantes (pour mille naissances) :

1921-1925	512	*1943*	515
1935-1939	509	*1944*	515
1940	510	*1945*	514
1941	509	*1946*	514
1942	513	*1947*	514

En un sens, la théorie de la probabilité des causes est une source d'enrichissement scientifique car elle arrache à l'éti-

quette du hasard un certain nombre de phénomènes et oblige
les spécialistes à leur chercher des explications : mais bien
évidemment, elle n'explique jamais rien par elle-même.

Les problèmes de corrélation

C'est encore une classe importante de problèmes qui se
rattache à la théorie de la probabilité des causes. On constate
chez un certain nombre de personnes la coïncidence entre une
particularité physique et une particularité d'une autre nature.
Par exemple, je constate que la plupart des jeunes filles qui
jouent un rôle important au sein de tel groupement étudiant,
ont un physique nettement désavantagé. Ou bien, dans tel
lycée, la plupart des élèves ayant obtenu un prix en thème latin
ont des petits boutons sur le visage. Est-ce une coïncidence
fortuite, ou vais-je pouvoir conclure que tous les forts en thème
sont boutonneux ?

Remarquons cependant que, en calcul des probabilités, la
corrélation est une notion qui peut être parfois assez lâche. Si
on considère deux événements E et E', diverses relations sont
possibles entre eux :

1. Ils sont totalement indépendants l'un de l'autre. La
réalisation de l'un n'influe en rien les probabilités relatives à
l'autre.

2. Ils sont totalement dépendants : la réalisation de E
entraîne nécessairement celle de E' ; on peut dire que E' est
une conséquence certaine, inéluctable de E.

3. Ils sont dans un cas intermédiaire entre les deux précédents. La réalisation de E modifie, dans un sens ou dans
l'autre, la probabilité relative à E'. Par exemple si E est
l'événement « une personne choisie au hasard dans une population déterminée a les cheveux blonds » et E' l'événement
« une personne choisie au hasard dans une population déterminée a les yeux bleus », nous sommes dans ce troisième cas,
car la proportion de personnes ayant les yeux bleus est plus

forte dans un groupe composé uniquement de blonds que dans la population totale.

Nous allons essayer de préciser par une valeur numérique la notion de corrélation, qui serait nulle dans le cas de l'indépendance totale, égale à 1 dans le cas de la dépendance absolue, et qui, entre ces valeurs, serait d'autant plus grande que la corrélation est plus étroite entre les deux événements.

Dans le cas de naissances gémellaires, on constate que les jumeaux sont plus souvent de même sexe que ne le laisserait prévoir le calcul des probabilités, s'il y avait une totale indépendance entre eux. Pour deux naissances indépendantes en effet, les configurations

$$GG \qquad GF \qquad FG \qquad FF$$

sont toutes les quatre également probables, et deux d'entre elles correspondent au cas d'enfants de même sexe : la probabilité est donc 1/2. Or on a constaté les chiffres suivants :

pourcentage de jumeaux garçons	32,9 %
pourcentage de jumeaux filles	31,4 %
pourcentage de jumeaux garçons et filles	35,7 %

Nous allons comparer l'expérience à un modèle plus facile à décrire. Dans un grand chapeau, plaçons des papiers en quantité importante : chaque papier porte l'inscription « garçon » ou « fille » et la proportion de papiers marqués « garçon » est égale à la probabilité pour qu'un enfant à naître soit un garçon (51 %, que pour simplifier les calculs, nous confondrons avec 1/2).

Dans un chapeau auxiliaire, nous plaçons des papiers marqués « doublez » ou « tirez encore », les papiers « doublez » étant en proportion r (dont nous ne précisons pas pour le moment la valeur numérique). La règle du jeu est alors la suivante :

On tire un papier du grand chapeau et on note sur un cahier l'inscription « garçon » ou « fille » qui est obtenue.

On tire alors un papier du chapeau auxiliaire ; si c'est « doublez », on réécrit une seconde fois le mot déjà écrit. Si c'est un papier marqué « retirez », on tire à nouveau dans le grand chapeau et on inscrit le mot obtenu.

Le coefficient r a toutes les qualités que nous pouvons demander à un coefficient de corrélation. Lorsqu'il vaut zéro, tous les papiers du chapeau auxiliaire sont marqués « retirez » et nous effectuons du grand chapeau deux tirages indépendants.

Si r vaut 1, tous les papiers sont marqués « doublez » et tout se passe comme si le sexe du premier des jumeaux déterminait de façon certaine et absolue celui du second.

Entre ces cas extrêmes, la plus ou moins grande valeur de r indique une corrélation plus ou moins serrée entre les sexes des deux jumeaux.

Les théorèmes des probabilités totales et composées nous donnent les probabilités des configurations *GG, FF* et *GF*. Les deux premières configurations ont pour probabilités respectives :

$$P(GG) = (1\text{-}r)\ (0{,}51)^2 + r\ 0{,}51$$
$$P(FF) = (1\text{-}r)\ (0{,}49)^2 + r\ 0{,}49$$

et la dernière, qui correspond au tirage d'un papier « retirez » et aux tirages successifs du premier chapeau de deux papiers portant des inscriptions différentes, a pour probabilité :

$$P(GF) = 2\ (1\text{-}r)\ (0{,}51)\ (0{,}49).$$

Ces trois relations doivent être vérifiées pour que le modèle que nous avons imaginé puisse s'appliquer à l'exemple physique étudié. En fait, ces trois relations n'en forment que deux car, ainsi qu'il est naturel, la somme des trois probabilités obtenues est égale à l'unité. On peut donc conserver seulement les deux premières égalités.

La probabilité de voir naître deux jumeaux de même sexe est $P(GG) + P(FF)$, c'est-à-dire, avec une très légère erreur à

$$1/2\ (1\text{-}r) + r.$$

Or l'expérience nous a donné pour cette probabilité la valeur 64,3 % et par suite : $1/2\ (1 + r) = 0{,}643$ et $r = 0{,}286$.

On pourrait vérifier que cette valeur de r donne à $P(GG)$ et $P(FF)$ — et non seulement à leur somme — des valeurs conformes à l'expérience.

En définitive, tout se passe comme si, dans 28,6 % des cas, le sexe du deuxième enfant se trouvait totalement déterminé par celui du premier.

Le travail du probabiliste s'arrête ici. On sait qu'effectivement les biologistes ont montré que cette corrélation a une explication biologique simple, par la distribution entre vrais jumeaux (ou jumeaux univitellins, provenant du dédoublement d'un œuf unique) et faux jumeaux (provenant de deux œufs fécondés séparément).

La théorie de Bayes et l'hérédité

Les problèmes d'hérédité figurent, chronologiquement, parmi les premières applications de la théorie de la probabilité des causes : c'est Mendel lui-même qui en fit la première utilisation en étudiant les phénomènes de coloration ou d'albinisme des lapins.

On connaît l'hémophilie, cette maladie qui a ravagé les familles royales d'Europe, mais seulement les garçons. Le plus léger traumatisme, la plus bénigne chute détermine une hémorragie interminable : le sang d'un hémophile ne coagule qu'avec une extrême lenteur, et quelque précaution que l'on prenne, ceux qui sont atteints par cette maladie vivent rarement jusqu'à l'âge adulte.

Et le plus curieux est que cette maladie qui n'atteint jamais les femmes est pourtant transmise uniquement par elles.

« La génétique fournit une interprétation assez satisfaisante d'un mode aussi particulier de transmission héréditaire. Notons d'abord que le caractère hémophile se transmet d'ordinaire, suivant la terminologie mendélienne, comme un caractère récessif ; en d'autres termes, si un sujet reçoit de l'un de ses parents un chromosome porteur de ce caractère et, de l'autre, un chromosome homologue sain, ce dernier étant dominant masque le caractère hémophile, qui demeure latent. Cela étant posé, l'hypothèse destinée à expliquer la transmission matriarcale de l'hémophilie consiste à supposer que le

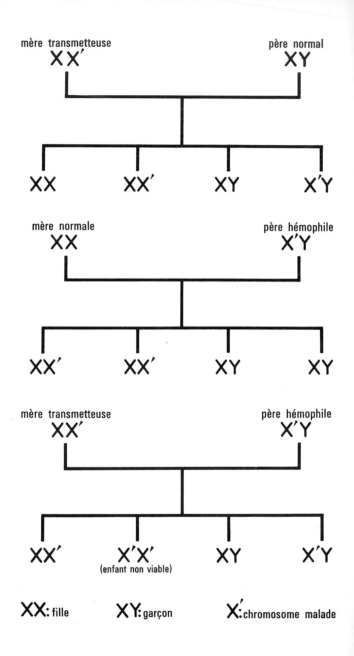

mère transmetteuse
XX′

père normal
XY

XX   XX′   XY   X′Y

mère normale
XX

père hémophile
X′Y

XX′   XX′   XY   XY

mère transmetteuse
XX′

père hémophile
X′Y

XX′   X′X′
(enfant non viable)   XY   X′Y

XX: fille   XY: garçon   X′: chromosome malade

caractère hémophile est lié au chromosome du sexe [...]. Il convient de rappeler ici que chaque enfant reçoit deux chromosomes porteurs de caractères sexuels, l'un venu de la mère et l'autre du père ; mais il existe une différence fondamentale selon que l'enfant est une fille ou un garçon ; dans le sexe féminin, les deux chromosomes porteurs du sexe sont semblables et peuvent être notés XX ; au contraire, dans le sexe masculin, les deux chromosomes porteurs du sexe sont dissemblables et peuvent être notés XY, le chromosome Y étant ainsi transmis de père en fils à tous les mâles de la lignée. Supposons maintenant que le caractère hémophile soit attaché à un chromosome X et notons X' ce chromosome malade. Il en résulte :

« 1. que les femmes ayant reçu XX' ne présenteront aucun symptôme anormal (car X dominant masque X' récessif) mais pourront transmettre à leur descendance le caractère pathologique porté par X',

« 2. que les hommes ayant reçu X'Y seront hémophiles [...] [1]. »

Supposons qu'on ait des soupçons que telle femme *F* puisse être porteuse de la maladie ; si elle donne naissance à un certain nombre de garçons, tous normaux, il y aura de fortes présomptions pour que *F* soit indemne de tout caractère hémophilique. C'est un problème typique de probabilités des causes.

Précisons le problème, et d'abord les soupçons que nous pouvons avoir a priori sur *F*.

hypothèse sur *F* (*K*)	*F* a un père normal *F* a un grand-père maternel normal *F* a un oncle maternel mort d'hémophilie
hypothèse sur la descendance de *F* (*K'*)	*F* n'a eu que des garçons, tous normaux et au nombre de 4.

Cherchons d'abord les probabilités a priori de la structure chromosomique de *F*. La grand-mère maternelle de *F* est

1. Pasteur Vallery-Radot, Hamburger et Lhermite, *Pathologie médicale,* Paris, Flammarion, 1963.

nécessairement de type XX′, puisque, avec un époux sain, elle a donné naissance à un garçon hémophile. Les filles issues de ce mariage ont un X sain provenant de leur père, et elles reçoivent de leur mère soit X soit X′ avec des probabilités égales. D'où pour la mère de *F* deux structures également probables

$$XX \qquad XX'.$$

Par le même raisonnement, la structure XX′ chez la mère de *F* entraîne pour *F* deux structures également probables XX et XX′, tandis que la structure normale XX chez la mère de *F* entraîne que *F* est saine. Au total, *F* a une probabilité a priori 3/4 d'être saine et 1/4 d'être transmetteuse de l'hémophilie. Tels sont les renseignements que l'on tire de l'ensemble d'informations *K*.

Appliquons maintenant la formule de Bayes. Les deux causes possibles de *K*′ (c'est-à-dire de la naissance de 4 garçons sains) sont : *A)* que *F* est saine, ou *B)* que *F* est transmetteuse. Les probabilités a priori de *A* et *B* sont respectivement 3/4 et 1/4.

La probabilité de *K*′ (naissance de 4 garçons normaux) sachant que *A* s'est produit est évidemment 1 (si *F* est saine, tous ses descendants le sont). La probabilité de *K*′ sachant que *B* s'est produit est, d'après le principe des probabilités totales, $(1/2)^4$ puisqu'un garçon né de *F* a deux structures équiprobables XY et X′Y et donc une chance sur deux d'être sain.

La formule de Bayes s'écrit :

$$P(A/K') = \frac{P(A)P(K'/A)}{P(A)P(K'/A) \,+\, P(B)P(K'/B)}$$

soit

$$P(A/K') = \frac{3/4}{3/4 \,+\, 1/4 \; P(K'/B)} = \frac{3}{3 \,+\, P(K'/B)}$$

Avec $P(K'/B) = (1/2)^4$ on obtient pour probabilité $P(A/K')$ la valeur 48/49, très voisine de 1.

Si on n'avait observé qu'un seul garçon normal, on aurait obtenu $\dfrac{3}{3 \,+\, 1/2}$ soit 6/7 (c'est-à-dire 42/49). Naturellement plus on observe de garçons nés sains, plus la probabilité pour que F soit saine est importante ; mais il faut remarquer que, quel que soit le nombre de garçons nés sains, la naissance d'un seul hémophile fait tomber d'un seul coup à zéro cette probabilité $P(A/K')$. Le problème est assez comparable à un jeu de pile ou face dans lequel nous n'aurions pas vu la pièce avant la partie. Si on n'observe que des chutes sur le côté pile, une, deux, trois... il y a de plus en plus de chances pour que la pièce utilisée soit truquée et comporte deux côtés « pile » : mais, quel que soit le nombre de coups joués, nous n'aurons jamais de certitude et l'apparition d'un seul face fait tomber brusquement cette probabilité à zéro.

Mais rappelons encore la distinction indispensable entre le travail du statisticien et celui du spécialiste. La seule affirmation que puisse permettre la théorie de Bayes est la suivante : « Il y a une probabilité de 95 % (par exemple) pour que le phénomène ait une autre cause que le pur hasard. »

Il ne faut donc pas rendre le calcul des probabilités responsable d'une erreur malheureusement assez répandue ; on recherche si le phénomène étudié peut être dû au seul hasard ou non, mais on tient pour évident que s'il existe une cause, c'est précisément une certaine cause déterminée qui apparaît comme la plus naturelle. Chez les anciens Mexicains, les grands prêtres du soleil se livraient chaque nuit à un cérémonial compliqué pour supplier le soleil de se lever le lendemain ; et en effet, de mémoire d'homme, toujours Phoebus avait exaucé cette prière. Sans l'aide de la formule de Bayes, les Mexicains étaient persuadés que le lever du soleil avait leur prière pour cause.

Énoncée ainsi, l'erreur fait sourire : pas ça, ou pas moi ! Et pourtant, de plus grands s'y sont laissé prendre, témoin la controverse soulevée en 1906 entre Alfred Binet et Émile Borel.

Binet avait demandé à un certain nombre de sujets d'écrire chacun un court texte et il avait soumis ces textes à un groupe de graphologues. Or il constata que l'appréciation portée par les graphologues sur l'intelligence respective des sujets comportait un pourcentage de réponses exactes suffisamment important pour qu'on ne puisse attribuer ces réponses au seul hasard : d'où, concluait Binet, une certaine valeur scientifique de la graphologie.

Émile Borel eut alors l'idée de soumettre les mêmes textes, non plus manuscrits, mais imprimés, aux lecteurs de la *Revue du mois* (août-septembre 1906). Or, en adoptant les conclusions de la majorité des lecteurs sur l'intelligence des auteurs des textes, Borel obtint des résultats tout aussi satisfaisants que ceux obtenus par les experts en graphologie. D'où la conclusion que tout se passait comme si l'exactitude des résultats obtenus par les graphologues tenait à la teneur des textes et non à l'écriture.

Bien entendu, cette contre-expérience ne prouve pas que la graphologie est inexacte, mais elle indique que l'expérience de Binet n'est pas probante.

La théorie de Bayes et le problème de l'induction

La pensée discursive prend très souvent dans les sciences dites « expérimentales » une forme très particulière, l'induction. L'induction est le mode de pensée qui va des phénomènes aux lois. Ainsi, d'un certain nombre de phénomènes, d'observations ou d'expériences j'induis une loi universelle : « Tout corps plongé dans un liquide reçoit de la part de ce liquide une poussée verticale dirigée de bas en haut et égale au poids du volume de liquide déplacé. »

On peut dire en quelque sorte que l'induction va du particulier au général et il y a là un problème épistémologique qui a été fort discuté : de quel droit peut-on passer d'un certain nombre d'observations (nombre toujours *fini*, si grand soit-il) à une loi universelle, générale, c'est-à-dire valable dans une infinité de cas ?

La théorie de Bayes permet de préciser — et dans une certaine mesure de fonder — un raisonnement en apparence si contraire aux règles usuelles de la logique.

Un savant pose une hypothèse, c'est-à-dire une affirmation dont il n'est pas absolument certain ; disons que A a une probabilité a priori qui n'est pas nulle, $p(A)$.

Il conçoit alors une certaine expérience destinée à vérifier l'hypothèse A : désignons par H le succès de cette expérience. Si A est vraie, H a lieu et donc $P(H/A) = 1$; si A est fausse, il se peut quand même que H ait lieu, causé par le hasard ou toute autre cause, et ceci avec une probabilité b.

Par le principe des probabilités composées, on voit que la probabilité pour que n expériences réussissent, bien que A soit fausse, est b^n. La formule de Bayes nous donne alors la probabilité pour que A soit exacte après la réussite de n expériences :

$$p = \frac{p(A)\, p(H/A)}{p(A)p(H/A) + b^n\, (1 - p(A))} = \frac{p(A)}{p(A) + b^n\, (1 - p(A))}.$$

Ainsi plus n est grand, plus b^n est petit, plus le dénominateur de p est voisin de $p(A)$, est donc plus p est voisin de 1. Par exemple, avec $p(A) = 1/2$ (ce qui est bien pessimiste) et $b = 1/10$, il suffit que 9 expériences réussissent pour que p diffère de 1 de moins de 10^{-9} : nous nous sommes accordés pour considérer comme absolument certain à l'échelle humaine un événement ayant une telle probabilité. L'hypothèse A doit donc être tenue pour vraie à l'échelle humaine. Telle est la contribution qu'apporte à l'induction la théorie de Bayes.

6. Probabilités continues

Jusqu'à présent, tous les problèmes que nous avons examinés ont une caractéristique commune : même si on cherche à l'éviter, il est possible, au moins en théorie, de dénombrer les cas « favorables » et les cas possibles, car ces cas sont en nombre fini.

Le célèbre problème de l'aiguille de Buffon est bien différent : « On jette une aiguille sur un plancher à fentes parallèles équidistantes ; quelle est la probabilité pour que l'aiguille rencontre une des rainures ? » Le nombre des cas favorables, comme le nombre des cas possibles est infini.

Le bon sens vient facilement à bout de tels problèmes s'ils sont correctement posés, c'est-à-dire si le mode d'intervention du hasard est clairement défini. Examinons pour commencer une question sur les points d'un segment de droite.

Impossible n'est pas français...
ni probabiliste

Considérons un segment AB et prenons-y un point au hasard ; quelle est la probabilité pour que ce point soit le milieu du segment ?

« Au hasard » mérite une explication, une fois de plus. En effet, il ne saurait ici être question de loterie ou de roulette pour désigner le point choisi : un segment contient une infinité de points (il suffit pour s'en convaincre, de remarquer qu'entre deux points du segment, il y en a toujours un troisième, ne serait-ce que le milieu du sous-segment que définissent les deux points, et ainsi de suite...). Imaginons donc le segment *AB* divisé en 10 parties égales.

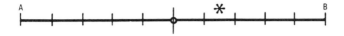

Il est logique d'exiger qu'un point choisi au hasard sur *AB* ait autant de chances de se trouver sur l'un ou sur l'autre des 10 intervalles : par exemple, la probabilité pour qu'il soit sur celui marqué d'un astérisque est 1/10. De même, si on avait divisé *AB* en 100 parties, la probabilité de voir le point *P* tomber sur l'une donnée de ces parties eût été de 1/100. On peut remarquer, dans chaque cas, que la probabilité est le rapport des longueurs du sous-segment choisi et de *AB*. En généralisant cette remarque, on peut dire que la probabilité pour qu'un point, pris au hasard sur un segment de longueur *L*, tombe dans un sous-segment de longueur *l* est :

$$p = \frac{l}{L}.$$

Pour fixer les idées, supposons que *AB* ait une longueur *L* de 100 centimètres. Nous allons voir qu'il n'est pas possible d'attribuer à la probabilité cherchée, pour que le point choisi au hasard soit précisément le milieu *M* de *AB*, une valeur différente de 0. S'il en était autrement et si cette probabilité valait *h*, isolons autour de *M* un segment de longueur *h*.

Pour qu'un point choisi au hasard sur *AB* soit *M*, il est d'abord nécessaire qu'il soit sur le segment que nous venons d'isoler, événement dont la probabilité est :

$$\frac{h}{L} = \frac{h}{100}.$$

La probabilité pour que *M* soit choisi est plus petite que celle-ci, soit :

$$h \leqslant h/100$$

ce qui est absurde ; on ne peut donc donner à la probabilité cherchée une valeur différente de 0. Et pourtant, il n'est pas impossible de *choisir* le milieu d'un segment !

Ceci met en évidence une première difficulté des probabilités géométriques : un événement de probabilité nulle n'est pas impossible, et, inversement, un événement de probabilité 1 n'est pas certain. On dit qu'il est « presque certain ».

Il n'y a pourtant pas lieu de s'en inquiéter et cela n'enlève rien à nos certitudes pratiques : si quelqu'un m'affirme avoir vu de ses propres yeux la réalisation due au hasard d'un événement de probabilité nulle, il est infiniment plus probable qu'il se trompe, ou qu'il me trompe. Nous retrouvons, poussée à son extrême limite, la remarque que nous avions faite à propos du « miracle » des singes dactylographes.

Plus d'une corde à son arc

Joseph Bertrand a posé le problème suivant : « Une corde d'un cercle étant prise au hasard, quelle est la probabilité pour qu'elle soit plus grande que le côté du triangle équilatéral inscrit ? » et il en a donné plusieurs solutions, toutes également satisfaisantes pour l'esprit.

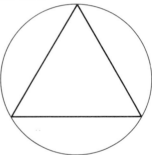

1re solution. Appelons P l'une des extrémités de la corde. L'autre extrémité est choisie au hasard sur la circonférence ; si le triangle PJK est équilatéral, les arcs PJ, JK et KP ont des longueurs égales et l'autre extrémité de la corde a des probabilités égales de se trouver sur l'un ou l'autre de ces arcs. Or si Q est sur l'arc JK, la corde est plus longue que PJ, côté du triangle équilatéral inscrit dans le cercle. Si Q est sur l'un des arcs PJ ou PK c'est le contraire.

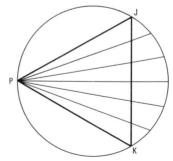

La probabilité est donc 1/3.

2ᵉ solution. Par raison de symétrie, on peut se donner arbitrairement la direction de la corde. Son milieu est alors un

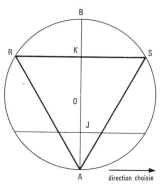

point du diamètre *AB* et il a des chances égales de se trouver sur l'un ou l'autre des quatre segments égaux *AJ*, *JO*, *OK*, *KB*. Or il est facile de voir que, s'il est sur *KJ*, la corde est plus longue que *RS*, côté du triangle équilatéral inscrit, et qu'elle est plus courte si le point est sur *AJ* ou *KB*. Comme la longueur de *KJ* est la moitié de celle de *AB*.

La probabilité est donc 1/2.

3ᵉ solution. Une corde d'un cercle est entièrement déterminée si on connaît son milieu I (car elle est orthogonale au

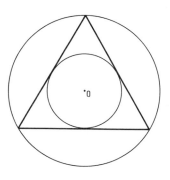

segment qui joint I au centre du cercle). La corde est plus longue que le côté du triangle équilatéral inscrit si I est à l'intérieur du petit cercle. Ce cercle a un rayon moitié de celui du cercle donné. On peut — par analogie avec le cas d'un segment — mesurer la probabilité pour qu'un point choisi au hasard dans le grand cercle tombe dans le petit par le rapport des surfaces de ces cercles. Si R est le rayon du cercle donné, sa surface est pR^2 et celle du petit cercle est $p\,(1/2R)^2$. Le rapport de ces surfaces est 1/4.

La probabilité est donc 1/4.

Si on demande laquelle de ces solutions est la bonne, la réponse est que toutes les trois sont correctes, mais qu'elles se rapportent en réalité à trois problèmes différents ; d'une façon plus précise, elles se rapportent à trois mécanismes différents d'intervention du hasard : l'énoncé du problème n'est pas assez explicite à cet égard. D'ailleurs, il ne serait pas impossible de concevoir des dispositifs expérimentaux pour faire intervenir le hasard selon l'un ou l'autre de ces trois modes. Par exemple, pour se conformer au premier mode, il suffit de monter une aiguille sur un pivot fixé en un point A de la circonférence ; si on imprime un mouvement de rotation à l'aiguille, elle définira en s'arrêtant une corde « au hasard », tous les azimuts étant également possibles. Par exemple encore, pour se conformer au second mode, il suffit de jeter un disque de rayon R sur un plan rayé par des droites équidistantes de $2R$...

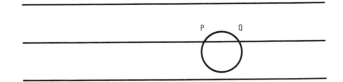

Voici donc mise en évidence une seconde difficulté : la nécessité de définir parfaitement dans l'énoncé quels sont les « cas également possibles » ; en probabilité géométrique, plus que dans les autres problèmes, cette précision peut difficilement s'inventer « par raison suffisante », comme nous l'avions fait sans trop de scrupules, par exemple pour les jeux de hasard.

Du bon usage des planchers...

Nous avons déjà utilisé les rainures équidistantes d'un plancher comme dispositif expérimental pour le problème de Bertrand. Mais ce n'est pas la première utilisation qui en ait été faite ; il est enfin temps d'examiner ce problème de l'aiguille de Buffon. On peut donner de ce problème plusieurs solutions équivalentes mais l'une des plus ingénieuses a été donnée par Buffon lui-même [1].

Appelons $2a$ la distance des rainures et demandons-nous quelle serait l'espérance mathématique d'un joueur qui recevrait 1 F par point d'intersection. Si on fait l'expérience, non avec une simple aiguille mais avec une ligne polygonale quelconque, les espérances relatives aux divers segments s'ajoutent ; si deux segments ont la même longueur, leurs espérances sont les mêmes ; si un segment est deux fois plus long qu'un autre, son espérance est deux fois plus grande. Généralisons en disant que l'espérance attachée à une ligne polygonale de longueur L est proportionnelle à L :

$$E = kL$$

k étant un coefficient que nous ignorons pour l'instant. Pour le déterminer, imaginons le cas limite où la ligne polygonale se ferme et devient un cercle de rayon a : sa longueur est alors de $2\pi a$.

Mais si on jette un cercle de rayon a sur un plancher dont les rainures sont équidistantes de $2a$, il y a toujours deux points d'intersection et deux seulement. On est donc assuré de recevoir 2 F. La relation $E = kL$ s'écrit donc :

$$2 = 2\pi ak.$$

---

1. Cf. André Warusfel, *Les Nombres et leurs mystères,* Paris, Éd. du Seuil, coll. « Points Sciences », 1980, p. 145.

Si on connaît a, cette relation permet de déterminer le coefficient k, égal à $1/\pi a$.

On voit que ce coefficient est d'autant plus faible que les rainures sont plus écartées, ce qui est bien naturel.

Par exemple, l'espérance mathématique attachée à une aiguille de longueur a est $1/\pi$. Mais, comme avec une telle aiguille, il ne peut pas y avoir plus d'un point d'intersection, l'espérance mathématique se confond avec la probabilité. Par suite, la probabilité pour qu'il y ait un point d'intersection, si on jette une aiguille dont la longueur est exactement égale à la moitié de la distance des rainures, est de $1/\pi$.

De nombreux savants ont ainsi jeté une aiguille pour obtenir une valeur approchée de π. Citons Wolff qui effectua en 1850 une série de 5 000 jets, obtenant pour π la valeur approchée 3,1596 et Lazzerini qui refit l'expérience en 1901, avec 3 408 jets : il obtint pour π la valeur 3,1415929 approchée à moins d'un millionième ; une telle précision est tout à fait inespérée avec un nombre aussi faible de jets.

Des alignements mystérieux...

Encore un pari facile à gagner : sur une plaque plane, par exemple une planche carrée d'un mètre de côté, jetez successivement au hasard un certain nombre, disons 15, de confettis et demandez qu'on vous donne un franc chaque fois que trois confettis sont alignés à 5 centimètres près (c'est-à-dire qu'on peut les recouvrir par un ruban de 5 centimètres de largeur). Quelle mise devez-vous offrir pour que le pari soit équitable ?

Entre 5 et 10 F, vous trouverez pas mal de partenaires pour accepter le pari ; si vous allez jusqu'à 15 F, vous passerez pour un philanthrope. Un petit calcul montre pourtant que, même à ce taux, vous conservez un énorme avantage.

Quelle est en effet votre espérance mathématique ? C'est la somme des espérances attachées à chaque ensemble de trois confettis. Or combien y a-t-il de tels ensembles ? Pour en former un, on choisit le premier confetti parmi 15, le second parmi 14 et le troisième parmi 13, ce qui donne

$$15 \times 14 \times 13$$

choix possibles. Un tel procédé fournit bien tous les ensembles de trois points, mais chacun d'eux six fois, car il y a six façons de définir un premier, un second et un troisième dans un ensemble de trois points. En définitive, il y a seulement

$$\frac{15 \times 14 \times 13}{6} = 455$$

tels ensembles. Et l'espérance attachée à un tel ensemble ? Comme il ne peut me faire gagner qu'un franc au maximum, l'espérance se confond avec la probabilité. Deux de ses points étant quelconques, le troisième doit tomber dans une bande large de 10 centimètres et dont la longueur moyenne est peu différente de 1 mètre. Sa surface est donc de 0,10 m² et la probabilité pour qu'un point, pris au hasard sur une face de 1 m² tombe sur une partie de 0,10 m² est 1/10.

L'espérance mathématique pour la partie entière est

$$455 \times 1/10 = 45,5$$

c'est-à-dire que, jusqu'à une mise de 45 F, vous partez gagnant.

Ce petit calcul, si sommaire et imprécis soit-il, jette une lumière sur certaines « preuves » de l'existence des soucoupes volantes : on a prétendu que le nombre d'observations qu'on trouvait alignées était tel que le hasard des hallucinations ne pouvait en être la cause. Le moins qu'on puisse dire est que des calculs plus rigoureux s'imposaient...

Les étoiles doubles

Les astronomes appellent ainsi deux étoiles dont la distance angulaire apparente est inférieure à 10 minutes d'arc. On peut se demander quelle est la probabilité pour qu'un tel phéno-

mène soit une illusion d'optique, le hasard alignant approximativement deux étoiles sur l'observateur, plutôt qu'un phénomène physique réel, l'existence de deux étoiles voisines dans
l'espace.

Cherchons la probabilité
pour que deux points pris au
hasard sur la sphère céleste
aient une distance angulaire
apparente inférieure à un
angle donné **α**. La symétrie
de la sphère par rapport à
toute droite passant par son

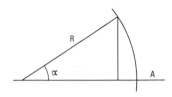

centre permet de fixer arbitrairement l'un des points *A*.
L'autre doit se trouver sur la calotte centrée en *A* et de hauteur
R sin a.

Le rapport des aires de cette calotte et la demi-sphère visible
est 1 — cos a. Or si l'angle a est petit et exprimé en radians
(p radians = 180 degrés), cette quantité est fort peu différente
de a²/2.

Or, en radians, 10 minutes d'arc valent

$$\frac{p \times 10}{180 \times 60} = \frac{p}{1\,080}$$

ce qui donne pour la probabilité une valeur voisine de
1/236 000. Et comme il y a environ 230 étoiles de première, deuxième ou troisième grandeur, qui forment 1/2
230 × 229 = 26 335 couples possibles, la probabilité pour
qu'aucun couple n'ait une distance angulaire apparente inférieure à 10 minutes d'arc est, par le principe des probabilités
composées, peu différente de

$$1 - \frac{26\,335}{236\,000} = 0,89$$

si on considère les étoiles comme des points pris au hasard sur
la demi-sphère céleste. Ceci fournit des présomptions assez
fortes pour que les étoiles doubles observées soient effectivement des couples d'étoiles voisines dans l'espace.

Ce dernier exemple illustre assez bien le sens propre à la

théorie des probabilités du mot « expérience » : le calcul s'applique et nous permet même de tirer quelques conclusions, bien que, au sens physique du mot, il n'y ait pas eu d'expérience, pas de tirage aléatoire ni d'intervention du temps. Cependant, nous avons choisi un mode d'intervention du hasard, la répartition uniforme sur la sphère céleste.

Représentations graphiques

Les probabilités géométriques fournissent le prétexte à une représentation graphique riche de possibilités.

Pour décrire une expérience, il faut en connaître tous les résultats possibles, et connaître également la probabilité de chacun d'eux. Ainsi l'expérience qui consiste à jeter un dé est parfaitement décrite si l'on dit : « Il y a six résultats possibles marqués respectivement 1, 2, 3, 4, 5, 6, et la probabilité attachée à chacun d'eux est de 1/6. »

Dans cette expérience, et c'est assez souvent le cas, les divers résultats possibles sont des nombres. Il suffit d'ailleurs qu'ils puissent être représentés par des nombres : un dé dont les six faces seraient repérées par des couleurs ferait tout aussi bien l'affaire : rien ne nous empêcherait ultérieurement de numéroter les couleurs. Il est habituel d'appeler « aléa numérique » un tel résultat. Il est bien certain que tous les aléas ne sont pas numériques : si le résultat d'une expérience est par exemple une courbe fermée dessinée dans le plan, on montre qu'il n'est pas possible d'attribuer un nombre à toutes les courbes possibles, il y en a « trop » (même si on accepte d'utiliser non seulement les entiers, mais encore tous les nombres, rationnels ou irrationnels).

L'intérêt des aléas numériques réside dans l'existence d'un mode de description de l'expérience extrêmement simple. Comment décrire un aléa numérique ?

On pourrait d'abord penser à donner la probabilité de chacune des valeurs possibles de l'aléa. Ainsi, pour le dé, on fournirait le tableau ou le graphique :

Valeurs	Probabilité
1	1/6
2	1/6
3	1/6
4	1/6
5	1/6
6	1/6

L'inconvénient de ce procédé saute aux yeux : il ne permet pas de décrire les aléas numériques continus, c'est-à-dire susceptibles de prendre toutes les valeurs d'un intervalle, par exemple, [o, L] : le résultat de l'expérience « choisir un point au hasard sur le segment AB de longueur L et mesurer la distance de ce point à A » est un aléa numérique continu. Le procédé indiqué plus haut est inacceptable, puisqu'il y a une infinité de valeurs possibles, toutes ayant une probabilité rigoureusement nulle.

Aussi préfère-t-on donner la probabilité pour que l'aléa soit inférieur à un nombre x : si on connaît cette probabilité pour tout x, on connaît parfaitement l'expérience elle-même. Toujours pour ce même exemple du dé, on obtient :

$$
\begin{aligned}
&\text{pour } x < 1   &&p(x) = 0 \\
&\text{pour } 1 \leqslant x < 2 &&p(x) = 1/6 \\
&\text{pour } 2 \leqslant x < 3 &&p(x) = 2/6 \\
&\text{pour } 3 \leqslant x < 4 &&p(x) = 3/6 \\
&\text{pour } 4 \leqslant x < 5 &&p(x) = 4/6 \\
&\text{pour } 5 \leqslant x < 6 &&p(x) = 5/6 \\
&\text{pour } 6 \leqslant x   &&p(x) = 1
\end{aligned}
$$

$p(x)$ s'appelle la fonction de répartition de l'aléa numérique.

Les fonctions de répartition possèdent un certain nombre de propriétés communes : pour toute valeur de x, elles sont comprises entre 0 et 1, si x augmente, la fonction reste constante ou augmente, mais ne décroît jamais.

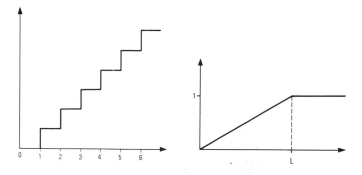

Pour l'exemple de probabilité continue que nous avons choisi, la fonction de répartition ne présente plus de saut ; en effet, pour

$$
\begin{array}{ll}
x < 0 & p(x) = 0 \\
0 \leqslant x < L & p(x) = x/L \\
L \leqslant x & p(x) = 1
\end{array}
$$

Ce n'est tout de même pas sans un petit regret que nous avons abandonné les probabilités simples pour les probabilités cumulées : ces dernières sont bien moins évocatrices de la physionomie de l'aléa numérique. On sait bien qu'il faut renoncer à l'espoir de pouvoir représenter la probabilité d'une valeur x en fonction de x. Mais n'est-il pas possible de représenter la probabilité pour l'aléa de prendre une valeur située dans un « petit » segment d'extrémités x et $x + h$?

Cette probabilité est $p(x + h) - p(x)$: c'est justement le produit par h de la dérivée de la fonction $p(x)$; on représentera donc l'aléa numérique par la courbe que dessinent les variations de cette dérivée. Cette dérivée s'appelle la « densité de probabilité de l'aléa numérique » au voisinage du point x. Ce nom de densité provient d'une analogie avec la densité au sens ordinaire du mot : le produit de la densité en un point par la mesure d'un petit volume entourant ce point donne la masse contenue dans ce volume. De même, le produit de la densité de probabilité en un point x par la mesure d'un petit intervalle entourant ce point donne la probabilité de voir l'aléa prendre une valeur de cet intervalle.

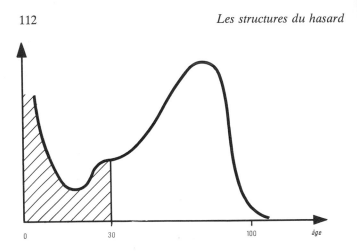

Par exemple, la densité de probabilité de l'aléa de la figure est :

$$
\begin{array}{ll}
x \leqslant 0 & d(x) = 0 \\
0 < x \leqslant L & d(x) = 1/L \\
L > x & d(x) = 0
\end{array}
$$

De même qu'on peut obtenir $d(x)$ à partir de la fonction de répartition par une dérivation, on peut retrouver la fonction de répartition à partir de la densité par l'opération inverse de la dérivation : l'intégration. Par exemple, la valeur de la fonction de répartition pour $x = 30$ (c'est-à-dire la probabilité de mourir à un âge quelconque inférieur à 30 ans) est représentée par l'aire hachurée sur la figure ci-dessus qui représente la densité des probabilités de décès en fonction de l'âge.

Un des phénomènes les plus étonnants de la théorie des probabilités est le petit nombre de lois auxquelles se ramènent la plus grande partie des problèmes qui se posent aux probabilistes. S'il fallait établir une hiérarchie empirique, on pourrait dire que :

— plus de la moitié des aléas rencontrés suivent l'une ou l'autre des trois lois fondamentales que nous examinerons en détail plus loin, loi uniforme, loi normale, loi de Poisson (loi est pris ici en synonyme de « fonction de répartition ») ;

— plus du tiers suivent l'une ou l'autre d'une dizaine de lois.

Cette circonstance est tout à fait remarquable et donne une importance particulière à l'étude des principales propriétés des lois les plus usuelles.

De la loi uniforme, il y a peu à dire : c'est celle de l'aléa numérique de la figure de la page 111 ; la densité est constante et la fonction de répartition est représentée par un segment de droite.

La loi normale

Nous avons déjà rencontré cette loi comme limite de la loi représentant le résultat d'une longue série de parties de dés. Le nom de « normale » qui lui a été donné pourrait laisser croire — bien à tort — que les autres lois de probabilités sont anormales ! Il n'en est rien : c'est simplement parce qu'elle est la plus répandue de toutes les lois de probabilité qu'on l'a appelée ainsi. On lui a donné aussi les noms de « loi de Laplace », ou « loi de Gauss » ou même loi de « Laplace-Gauss » ; en fait, lorsque Laplace découvrit cette loi en 1780, Gauss était âgé de 3 ans ! Dès lors, comme le remarque Wilson, il est peu vraisemblable qu'en dépit de la précocité bien connue de Gauss, il ait pu prendre part à la découverte.

L'importance pratique de la loi normale provient du phénomène que nous avons déjà rencontré plus haut : la loi normale est un cas limite de la loi « binômiale » qui décrit les résultats d'une très longue partie, les coups joués étant indépendants. Aussi un grand nombre d'expériences donnent-elles des résultats qui suivent une loi normale :

— taille des conscrits d'une classe d'âge déterminée,

— poids des lingots de métal obtenus en une journée par une machine déterminée,

— la somme de n aléas numériques indépendants suit

approximativement une loi normale. Cette approximation est d'autant plus précise que *n* est plus grand ; il est remarquable que cette propriété soit vraie quelle que soit la fonction de répartition de chacun des aléas utilisés : il suffit que tous aient la même.

C'est évidemment ce dernier cas qui est responsable de la fréquence impressionnante de la loi normale dans les applications. Citons-en un exemple ; une épreuve d'examen comprend un grand nombre de questions, toutes notées de la même façon, et indépendantes les unes des autres. Dans ces conditions, la répartition des notes obtenues suit une loi de Laplace-Gauss.

Il est possible d'obtenir une bonne réalisation physique de la loi normale : le physiologiste Galton a imaginé la machine qui porte son nom. Des billes aussi petites que possible sont déversées par un entonnoir dans la partie supérieure de la machine ; sur leur trajet, elles rencontrent des obstacles qui les dévient à droite ou à gauche avec des probabilités sensiblement égales ; ainsi l'écart total d'une bille par rapport à la verticale est la somme d'un grand nombre de ces écarts partiels aléatoires. Des tubes placés à la partie inférieure de la machine reçoivent les billes ayant un écart déterminé pour chaque tube ; on obtient par ce procédé une très bonne image de la courbe de Laplace-Gauss.

La loi de Poisson

La loi de Laplace-Gauss n'est une bonne approximation de la loi binômiale que dans le cas où le nombre d'expériences est élevé, nous l'avions déjà remarqué ; mais il y a une autre condition : la probabilité de l'événement étudié ne doit pas être trop faible. Pour le jeu de pile ou face, cette probabilité est 1/2, pour le jeu de dé (à un seul dé) elle est de 1/6.

L'approximation est par contre détestable dans le cas d'un résultat de probabilité très petite : tirage d'une boule blanche

LOI DE POISSON

Pr $\{ \mathfrak{I}(m) > c \}$

m c	1	2	3	4	5	6	7	8
0	0,632	0,865	0,950	0,982	0,993	0,998	0,999	0,999
1	0,264	0,594	0,801	0,908	0,960	0,983	0,993	0,997
2	0,080	0,323	0,577	0,762	0,875	0,938	0,970	0,986
3	0,019	0,143	0,353	0,567	0,735	0,849	0,918	0,958
4	0,004	0,053	0,185	0,371	0,560	0,715	0,827	0,900
5	0,001	0,017	0,084	0,215	0,384	0,554	0,699	0,809
6		0,005	0,034	0,111	0,238	0,394	0,550	0,687
7		0,001	0,012	0,051	0,133	0,256	0,401	0,547
8			0,004	0,021	0,068	0,153	0,271	0,407
9			0,001	0,008	0,032	0,084	0,170	0,283
10				0,003	0,014	0,043	0,099	0,184
11				0,001	0,005	0,020	0,053	0,112
12					0,002	0,009	0,027	0,064
13					0,001	0,004	0,013	0,034
14						0,001	0,006	0,017
15							0,002	0,008
16							0,001	0,004
17								0,002
18								0,001

Exemple : Pr $\{ \mathfrak{I}(5) > 4 \}$ = 0,560.

dans une urne contenant 999 noires et une seule blanche, erreur typographique dans une page d'un livre imprimé, décès causé par le suicide. Un exemple historiquement célèbre est l'étude faite en 1897 par von Bortkiewicz : nombre de militaires tués par ruades de cheval.

La loi de Poisson est celle pour laquelle la probabilité d'une valeur entière x est :

$$p(x) = e^{-m} \, m^x / x \, !$$

(x ! représente le produit 1.2.3... x).

Ce n'est donc par une loi continue : il est cependant tentant de relier les points représentatifs par une courbe continue, pour se rendre compte de l'allure générale de la loi de Poisson.

On peut démontrer que la constante m qui figure dans l'expression de la probabilité de Poisson est précisément l'espérance mathématique de l'aléa numérique qui a cette fonction de répartition.

Voici un exemple vécu de loi de Poisson. Un quartier de Londres a subi un bombardement de V1, au cours de la Seconde Guerre mondiale, au total 537 impacts. La zone bombardée a été divisée en 576 carreaux de 500 mètres de côté ; on prouve que, dans l'hypothèse où les impacts sont aléatoires, le nombre de carreaux recevant une, deux... bombes est un aléa numérique qui suit une loi de Poisson. Voici la comparaison entre les résultats de l'expérience et ceux que laisse prévoir l'application de la formule de Poisson [1] :

nombre d'impacts	0	1	2	3	4	5
fréquence observée	229	211	93	35	7	1
nombre théorique	227	211	98	31	7	2

La loi de Poisson a des applications d'une importance économique considérable pour l'étude des files d'attente. Des « clients » se présentent à un guichet, en moyenne m par unité de temps. Le nombre de clients qui se présentent dans un intervalle de temps déterminé est un aléa numérique. On constate expérimentalement — et on peut démontrer rigoureusement, si l'on suppose que les arrivées des clients sont indépendantes — que cet aléa suit une loi de Poisson.

Or la connaissance de cette loi est très importante. Grâce à elle, on pourra choisir le nombre de guichets pour avoir une probabilité supérieure à 9/10 par exemple pour que le client qui arrive trouve toujours un guichet libre (ou au moins n'attende qu'un temps t jugé « admissible »).

Le schéma « client-guichet » est extrêmement répandu et pose un problème de choix économique : si l'on installe de nombreux guichets, les clients n'attendront pas, mais il arrivera assez souvent que certains employés n'aient rien à faire ; au contraire, si l'on installe peu de guichets, les employés seront occupés pratiquement en permanence, mais les clients risquent une attente prolongée qui peut les inciter à s'adresser à une entreprise concurrente. Il y a donc un optimum à

1. Cité par Ferrier, *Statistique et Probabilités,* Eyrolles.

trouver. L'hypothèse des arrivées poissonniennes permet la détermination de cet optimum.

Les clients peuvent être de vrais clients en chair et en os ; ils peuvent être aussi des wagons se présentant à des postes de déchargement, des navires entrant dans un port, des machines risquant de tomber en panne, des appels téléphoniques : les « guichets » sont alors les postes de déchargement, les pilotes du port, les réparateurs de machines... Dans tous ces cas, il y a un optimum à trouver pour le nombre de guichets.

Bien entendu, la détermination effective de cet optimum est plus compliquée que notre rapide tour d'horizon ne le laisse supposer : il faut faire intervenir la durée du service au guichet, l'éventualité de clients prioritaires, une probabilité de « découragement » (devant une file trop longue, le client préfère s'en aller !). Mais la formule de Poisson reste à la base du calcul, car elle représente avec une bonne précision la probabilité des arrivées des clients pour un très grand nombre de problèmes de files d'attente.

7. Problèmes simples ou curieux

> Sa sacrée majesté le Hasard décide de tout.
>
> *Voltaire*

L'un des attraits de la théorie élémentaire des probabilités est la simplicité des rudiments suffisants pour résoudre un grand nombre de questions : les quelques pages qui précèdent nous en ont appris assez pour que nous puissions nous divertir.

Les solutions de quelques-uns des exemples qui vont être présentés maintenant possèdent une particularité intéressante : la physioprobabilité, assimilée à la probabilité que nous tirerons de calculs correctement exécutés à partir de probabilités de base ne prêtant pas au moindre doute, est très sensiblement différente de la psychoprobabilité qu'attribuerait un sujet « normal ». En d'autres termes, la solution n'est pas celle qu'on attend normalement pour une telle question.

Ainsi, en présentant ces problèmes avec un minimum d'habileté, il est possible de faire prendre des paris « non équitables » en faveur du lecteur, alors que celui qui n'a pas lu ces pages les prendra avec d'autant plus d'empressement qu'il les croira « non équitables », mais en sa faveur !

Les problèmes de rencontres

Un groupe (par exemple une classe de lycée) comprend q personnes ; j'offre de parier I F contre I F que deux d'entre elles ont le même anniversaire, c'est-à-dire, même jour de naissance, même mois, mais pas nécessairement même année.

Si je fais cette offre dans une classe de lycée comportant 40 élèves, on me prendra pour un philanthrope ou un fou, et les mises vont rentrer en abondance : à première vue, il paraît, en effet, assez peu probable que deux élèves aient le même anniversaire. Même jusqu'à 100 personnes dans le groupe, je trouverai vraisemblablement des amateurs ; beaucoup penseront avoir intérêt à parier contre moi jusqu'à environ 1/2 360 soit 180 personnes dans le groupe. En réalité, c'est à partir de 23 personnes que le pari est avantageux : déchirez cette page avant que d'autres ne le lisent et votre fortune est faite, un bref calcul va nous en convaincre.

Soit donc $p(q)$ la probabilité pour que, parmi les q personnes du groupe, deux au moins aient le même anniversaire ; nous simplifierons légèrement le calcul en ne tenant pas compte d'éventuels natifs du 29 février.

Nous calculerons plus facilement la probabilité contraire, $P(q)$ qui vaut $1 - p(q)$: c'est la probabilité pour que dans le groupe, il ne se trouve pas deux personnes ayant même anniversaire. Le théorème des probabilités totales permet de calculer $P(q + 1)$, dès que l'on connaît $P(q)$. Supposons, en effet, que dans un groupe de q personnes, il ne s'en trouve pas deux ayant le même anniversaire ; la probabilité pour que, en ajoutant une personne au groupe, on ne détruise pas cette propriété est :

$$\frac{365 - q}{365}$$

puisque le nouvel arrivant « a le choix » entre $365 - q$ jours possibles. Par suite :

$$P(q + 1) = \frac{365 - q}{365} \, P(q)$$

Et cette formule permet le calcul de proche en proche puisqu'on connaît $P(1)$ qui est évidemment égal à 1 : dans un groupe ne comportant qu'une seule personne, il est certain qu'il n'en est pas deux ayant le même anniversaire !

On obtient de cette manière :

$$P(q + 1) = \frac{365 \ 364\dots \ (365 - q)}{365 \ 365\dots \qquad 365}$$

Le calcul explicite est très fastidieux, dès que q dépasse 2 ou 3 et l'aide d'une machine devient indispensable. En voici quelques valeurs particulières.

q *Nombre de personnes du groupe*	$P(q)$ *Probabilité pour que jamais deux personnes n'aient même anniversaire*	$1 - P(q)$ *Probabilité pour que deux personnes au moins aient même anniversaire*
1	1	0
2	0,997	0,003
5	0,973	0,027
10	0,883	0,117
15	0,749	0,254
20	0,69	0,41
22	0,52	0,48
23	0,49	0,51
25	0,43	0,57
30	0,31	0,71
40	0,11	0,89
50	0,03	0,97

Ainsi, dans l'exemple choisi d'une classe de 40 élèves, il y a près de 9 chances sur 10 pour que deux au moins aient le même anniversaire, et, dans un groupe de 50, 97 chances sur 100. Le tableau montre aussi que c'est à partir d'un groupe de 23 personnes que le pari devient avantageux.

L'espérance mathématique fournit un moyen plus rapide de se rendre compte de l'inégalité du pari. Reprenons la classe de 40 élèves et prenons pour simplifier l'année composée de 360 jours. Misant 1 F et devant en recevoir deux chaque fois qu'une coïncidence d'anniversaires est observée, je peux calculer facilement mon espérance mathématique.

Une coïncidence déterminée peut se produire à un jour quelconque de l'année. Mais la probabilité de voir deux dates coïncider avec un jour déterminé est de 40/360. 39/360 soit environ 1/80. L'espérance mathématique attachée à chaque jour de l'année est donc de 2/80, et pour l'année entière, l'espérance totale est la somme des espérances partielles soit 360/40 ou 9 F.

Donc pour une mise de 1 F, je peux raisonnablement espérer gagner 9 F. Si on ne retrouve pas exactement le même avantage que dans le calcul direct de la probabilité (où il était de 0,89 contre 0,11) c'est, d'une part, que le dernier calcul que nous venons de faire comporte quelques approximations, et d'autre part, que l'avènement de deux coïncidences fait gagner 4 F dans le second cas, mais est simplement compté comme victoire dans le premier.

De toute façon, on se rend compte combien les apparences peuvent être trompeuses ! Ouvrons à titre d'exemple le *Grand Larousse Universel du XIXᵉ siècle* au mot « pape » et prenons les dates d'élection des 30 derniers (le dernier étant, dans cette édition, Pie IX, qui porte le numéro 252). Deux de ces dates coïncident-elles ? A priori, il y a 7 chances sur 10 pour qu'il en soit ainsi ; on sait que la coïncidence se présente effectivement, Urbain VII et Innocent X ayant été tous deux élus un 15 septembre.

Ne faites pas le pari pour les maréchaux d'Empire, il n'y en a que 25 et bien que vous ayez 57 chances sur cent a priori de gagner le pari, vous le perdriez : tous les maréchaux de l'Empire ont des anniversaires différents. Par contre, vous gagneriez en pariant sur les dates de naissance des présidents des États-Unis (Polk et Harding sont nés un 2 novembre) ou sur leurs dates de décès (Adams, Jefferson et Monroe sont morts un 4 juillet..., Fillmore et Taft un 8 mars...) Il est facile d'imaginer de nouveaux exemples.

La danse du balai

Au signal donné par le balai, chaque danseur doit changer de cavalière ; après quelques tours — et à supposer que personne ne triche en choisissant sa cavalière autrement qu'au hasard —

quelle est la probabilité pour qu'aucun danseur ne se trouve entre les bras de sa propre femme ?

Le calcul de cette probabilité ne présente pas de grandes difficultés, nous allons l'effectuer tout à l'heure. Mais, dès maintenant, indiquons la curiosité du résultat : la probabilité ne dépend pratiquement pas du nombre de couples ; qu'on soit 5, 6, 10 ou 50, elle prend à peu près la même valeur.

Supposons que la salle contienne déjà n couples et qu'un nouveau couple se présente à la porte, disons Philippe et Véronique. Véronique entre la première. Puis, Philippe entre et choisit une cavalière au hasard. Quelle est la probabilité pour que la condition C (personne ne danse avec sa propre femme) soit réalisée ?

Cet événement est possible de deux manières et de deux seulement ; ou bien, avant l'entrée de Véronique, la condition C était réalisée. Alors Philippe a une probabilité $n/n + 1$ de choisir une autre cavalière que sa femme : Véronique remplacera cette cavalière et la condition C sera réalisée.

Appelons $p(n)$ la probabilité pour que la condition C soit réalisée lorsqu'il y a n couples. L'éventualité : « la condition C était réalisée avant l'entrée de Véronique et Philippe choisit une autre cavalière que sa propre femme » a pour probabilité :

$$\frac{n}{n + 1} \, p(n).$$

C'est le théorème des probabilités composées qui l'affirme. Mais il existe une autre possibilité pour que la condition C soit remplie : si C était remplie pour $n - 1$ couples et que le $n^{\text{ième}}$ soit un couple légitime ; il suffit que Philippe choisisse la cavalière de ce dernier couple pour rétablir la condition C. Cette éventualité a pour probabilité :

$$\frac{1}{n + 1} \, p(n-1).$$

Il reste à remarquer que les deux possibilités que nous avons envisagées s'excluent mutuellement pour obtenir $p(n + 1)$ par la formule des probabilités totales :

$$p(n + 1) = \frac{n}{n + 1}\, p(n) + \frac{1}{n + 1}\, p(n - 1)$$

qui permet de calculer de proche en proche les probabilités $p(n)$ puisqu'on connaît sans peine $p(1) = 0$ et $p(2) = 1/2$.

On trouve de cette manière :

$P(3) = 0,33$ $p(4) = 0,37$ $p(5) = 0,37$
$P(6) = 0,37$

$p(7)$ et $p(6)$ différant d'ailleurs de moins de deux dix-millièmes. On peut démontrer que, lorsque le nombre n grandit, la probabilité $p(n)$ tend vers l'inverse de e (rappelons que $e = 2{,}71828...$).

Ainsi, dès la valeur 4 de n, $p(n)$ ne varie plus (à un centième près).

La martingale infaillible

C'est une légende décidément tenace ; il n'est pas une revue à prétentions de vulgarisation « scientifique » qui n'ait publié un jour ou l'autre un article disant en substance : « Les mathématiques sont formelles, il n'existe qu'une martingale absolument infaillible. Elle consiste à miser 1 F ; en cas de succès, on se retire du jeu immédiatement avec un bénéfice de 1 F. En cas d'échec, il faut miser 2 F au second coup. Ainsi, si l'on gagne ce second coup, on emporte 4 F pour avoir misé 2 + 1 soit 3 F, le bénéfice est encore de 1 F et il faut se retirer du jeu. Et ainsi de suite : on double la mise tant qu'aucun succès n'est enregistré, et on se retire du jeu au premier succès (donc avec 1 F de bénéfice). C'est pour empêcher l'emploi de cette martingale infaillible que les règlements de salles de jeux prévoient toujours un plafond de mises. »

L'argumentation est séduisante, mais parfaitement illusoire. Elle s'applique à un problème qui n'a rien à voir avec la réalité du jeu, même si les mises n'étaient pas limitées par le règlement ; en effet, si riche que soit le joueur qui voudrait utiliser cette martingale, il n'a qu'une fortune limitée et risque par conséquent d'être obligé de cesser de jouer, faute d'argent.

S'il possède par exemple 2 048 F, il est en mesure de doubler sa mise dix fois de suite, et la probabilité pour qu'il perde onze parties est 2^{-11} ou 1/2 048 (à supposer encore qu'il ait à chaque partie une égale probabilité de gain ou de perte !). Son « bilan » des chances est donc le suivant :

— une chance sur 2 048 de perdre 2 047 F (c'est la somme des mises 1 + 2 + 4... des dix parties perdues),

— 2 047 chances sur 2 048 de gagner 1 F.

Si notre amateur de système est millionnaire (supposons qu'il dispose de 2^{20} soit 1 048 576 F), il est en mesure de doubler sa mise dix-neuf fois consécutives. La probabilité pour qu'il perde vingt parties est de 1/1 048 576, soit moins de un millionième. Mais, dans tous les cas, son espérance mathématique est rigoureusement égale à la mise.

La martingale proposée revient en somme à faire à un millionnaire la proposition suivante : vous organisez une loterie comportant un seul lot dont le montant soit le chiffre de votre fortune, soit un million de francs. Vous imprimez un million de billets, mais vous n'en vendez qu'un seul, pour le prix de 1 F.

Il est pratiquement certain que notre millionnaire gagnera 1 F, mais pour ce gain minime, il expose toute sa fortune. Nul ne songerait à présenter cela comme un moyen sûr de gagner de l'argent : le système est pourtant rigoureusement équivalent à la « martingale infaillible ».

Plus dissimulé, mais reposant sur la même erreur est le système proposé en 1910 par M.-F. Le Dantec. Il consiste à garder un enjeu constant ; si l'on gagne la première partie, il faut se retirer, sinon, il faut continuer à jouer jusqu'à ce que l'équilibre soit rétabli (et le calcul montre qu'il y a une probabilité égale à 1 pour que l'équilibre se rétablisse un jour). On se retrouve alors comme au commencement et on adopte la même politique. En continuant assez longtemps, il arrivera bien un moment où l'on gagnera la première partie. Il est donc certain que le joueur se retirera avec un bénéfice égal à l'enjeu d'une seule partie.

L'erreur est encore de considérer que la partie se poursuit

indéfiniment : c'est pourtant à cette seule condition que l'on peut tenir pour certain le retour de l'équilibre. Or, que ce soit par la fortune du joueur ou simplement par le temps nécessaire, le nombre de parties est nécessairement limité. On peut alors calculer la probabilité pour que l'équilibre ne soit pas rétabli avant le $n^{ième}$ coup : elle est de l'ordre de $1/\sqrt{2n}$. Par exemple, la probabilité pour que l'équilibre ne soit pas rétabli avant que ne soient joués 500 000 coups est de 1/1 000, ce qui est loin d'être négligeable, compte tenu de l'enjeu et du gain qu'il est possible de réaliser.

Le paradoxe de Saint-Pétersbourg, que nous avons rencontré plus haut est un troisième exemple de la même erreur : en face du schéma parfaitement équitable :

(faible probabilité de perte importante)
contre
(forte probabilité de gain minime)

on confond la faible probabilité avec l'impossibilité, sans pour autant assimiler à zéro le gain minime ; à partir de là, il est possible de construire autant de paradoxes que l'on voudra.

Le pari de Pascal repose aussi sur la déformation du même schéma : tenir une perte pour infinie et la probabilité correspondante pour aussi faible que l'on voudra, mais non nulle. L'espérance mathématique correspondante devient alors infinie ; le pari est peut-être un argument de cœur, mais certainement pas un argument de calcul de raison !

Les probabilités et l'imposture

Le calcul des probabilités permet de soumettre au contrôle impartial des mathématiques un certain nombre de phénomènes prétendument paranormaux : divination, télépathie, « sciences » plus ou moins occultes... Ces contrôles d'ailleurs n'ont pas nécessairement un résultat négatif, mais ils permettent de substituer à une croyance superstitieuse ou à un scepticisme irraisonné un jugement précis de probabilité.

Dans son numéro de février 1960, *Science et Vie* nous raconte une expérience de ce type, réalisée conjointement par la Marine et l'armée de l'Air américaines.

Sans aucun contact avec le monde extérieur, un « sujet » fut enfermé pendant 16 jours dans une pièce du centre de recherches Westinghouse, à Friendship (Maryland) : il était seul, ou presque, puisque sa seule compagnie était une machine, qui éjectait à intervalles réguliers d'une minute des cartes choisies absolument au hasard.

Ces cartes n'étaient d'ailleurs pas des cartes à jouer ordinaires, mais des cartes spéciales, employées couramment dans les expériences de télépathie, portant l'un ou l'autre de cinq dessins : un carré, un cercle, une croix, une étoile ou trois lignes sinueuses. Chaque fois que la machine lâchait une carte, le « sujet » devait se concentrer et ne penser qu'au dessin figurant sur la carte.

A des milliers de kilomètres de là, un autre homme était enfermé avec le même luxe de précautions : à bord du *Nautilus,* dans une cabine spéciale, un mystérieux passager faisait des petits dessins ; il essayait de deviner les cartes tirées par son « correspondant ». Chaque jour, il remettait sa feuille au commandant du *Nautilus,* le capitaine Anderson, qui la datait, la signait et l'enfermait dans une enveloppe cachetée.

Au terme de la croisière du *Nautilus,* le colonel Williams Bowers, directeur des sciences biologiques à l'Office de recherches de l'armée de l'Air américaine, put comparer les listes des cartes tirées et devinées : plus de 70 % des réponses étaient correctes. Compte tenu du nombre de dessins, du nombre d'expériences, la probabilité pour qu'on obtienne en répondant au hasard un tel pourcentage de réponses exactes est inférieure à 1/10 000.

Pourquoi avoir choisi le *Nautilus* pour cadre d'une telle expérience ? Les raisons en sont militaires et bien précises. Un rapport de la Rand Corporation avait attiré l'attention du président Eisenhower sur l'insuffisance des moyens de télécommunications ; les sous-marins sont inutiles car il est impossible de communiquer avec eux lorsqu'ils sont en plongée : les ondes radio ne peuvent pas traverser l'eau.

Il fallait donc chercher tous les moyens possibles de communiquer avec ces submersibles, sans écarter ceux qui paraissent a priori les plus fantaisistes : la télépathie était de ceux-là. L'emploi du *Nautilus* présentait un autre avantage, celui de garantir l'absence de toute fraude de la part des expérimentateurs, puisque les communications sont précisément impossibles, en l'état actuel de la science et de la technique, entre la terre ferme et un sous-marin en plongée.

Voici un autre exemple plus familier et une expérience facile à renouveler. A la fin d'un bon repas, quelqu'un avait raconté l'histoire de cette Marie-Chantal appelant le sommelier : « Sommelier, du champagne, et du vrai, pas un de ces affreux mousseux ! Je vous fais entière confiance, car, moi, je n'y trouve absolument aucune différence. » Et chacun de rire et de vanter ses propres talents de dégustateur.

Nos parieurs Pierre et Paul étaient du repas, et Pierre parie une bouteille qu'il est capable de distinguer le mousseux du champagne. Il serait déraisonnable d'engager le pari sur une seule expérience, puisqu'en répondant au hasard, Pierre aurait une chance sur deux de tomber juste. L'échec d'une seule expérience ne serait pas non plus décisif, car Pierre pourrait toujours trouver un prétexte pour insinuer que cet échec est exceptionnel : le vin était trop chaud, ou trop froid, le verre trop grand, ou trop mince...

Il est donc nécessaire de faire un assez grand nombre d'expériences (naturellement en utilisant de petits verres). Imaginons que Pierre réponde absolument au hasard ; à chaque expérience, il a une probabilité $1/2$ de répondre juste. Le théorème des probabilités composées permet de calculer la probabilité de donner 0, 1, 2... réponses justes sur une série comprenant par exemple 10 épreuves.

Nombre de réponses justes	0	1	2	3	4	5
Probabilité correspondante	0,001	0,010	0,044	0,117	0,205	0,246

Les probabilités de donner 6, 7, 8, 9, ou 10 réponses justes sont naturellement égales respectivement aux probabilités de donner 4, 3, 2, 1 ou 0 réponses correctes.

Si on exige 8 réponses exactes pour déclarer le pari gagné, la probabilité qu'a Pierre de gagner le pari s'il répond au hasard est

$P(8) + P(9) + P(10) = 0{,}044 + 0{,}010 + 0{,}001 = 0{,}055.$

Cette probabilité est suffisamment faible pour que le pari ne soit pas trop déraisonnable. Si on se contentait de 7 réponses correctes, elle deviendrait :

$$0{,}055 + 0{,}117 = 0{,}162$$

qui peut paraître trop importante pour que l'on tienne l'expérience pour décisive.

Avec un nombre d'essais plus important, on pourrait atteindre des probabilités très nettement plus faibles. Par exemple, si l'on exige 60 réponses correctes sur une série de 100 expériences, il n'y a plus qu'une probabilité de 2 centièmes pour que Pierre gagne son pari s'il répond au hasard.

Mais il ne faut pas se leurrer sur la puissance de conviction du calcul des probabilités. Empruntons à Émile Borel son pessimisme : « Les adeptes des superstitions s'obstinent généralement à ignorer ou à refuser de comprendre tout ce qui contredit leur croyance irraisonnée. Si on leur affirme que les conclusions contraires à leur croyance sont prouvées de la manière la plus certaine par le calcul des probabilités, ce sera simplement une raison de se méfier du calcul des probabilités, et voilà l'un des motifs pour lesquels la science des probabilités ne rencontre pas la même adhésion unanime que la plupart des autres sciences. »

Le problème de la poule

C'est un problème qu'ont à résoudre les organisateurs de tournois ou de rencontres sportives. Un jeu comme le rugby ou le tennis (en simple) ne peut opposer que deux adversaires, équipes ou joueurs. Peut-on trouver un moyen de faire jouer, et de classer plus de deux adversaires ?

Il peut paraître naturel d'exiger de la procédure adoptée

qu'elle ne donne à aucun joueur un avantage sur un autre : faute de cette condition, l'intérêt sportif de la rencontre risque d'être très amoindri.

C'est le plus souvent la méthode de la poule qui est adoptée : elle est utilisable pour un nombre quelconque de joueurs, mais, pour que les calculs restent élémentaires, nous ne l'examinerons que dans le cas de trois joueurs A, B, C. En quoi consiste-t-elle ?

La première partie oppose A et B. A la seconde, C joue contre le gagnant de la première, et ainsi de suite : le perdant d'une partie se retire pour laisser la place au troisième joueur ; un joueur est proclamé vainqueur s'il remporte deux parties consécutives (car il a alors battu successivement ses deux adversaires et doit être logiquement considéré comme le plus fort).

La méthode de la poule est-elle pleinement satisfaisante, c'est-à-dire, donne-t-elle des chances égales à des joueurs de même force ? Pour examiner ce point, nous allons appliquer la méthode à un jeu dans lequel, par définition, les joueurs sont de même force : le jeu de pile ou face.

Cherchons quelles sont les probabilités respectives de joueurs A, B et C de remporter la poule. Deux modes de calcul sont possibles, directement sur les probabilités et à l'aide de l'espérance mathématique ; encore une fois, nous ferons le calcul par les deux méthodes pour montrer l'intérêt que présente l'emploi de l'espérance mathématique, même dans les problèmes en apparence très simples comme celui qui nous occupe actuellement.

Calcul direct

Supposons tout d'abord que le joueur A ait remporté le premier tour. Quelles sont les probabilités respectives des trois joueurs au seuil de la seconde partie ?

Si A gagne la seconde partie (ce qui est possible avec une probabilité 1/2) il remporte le tournoi ; s'il la perd, il peut encore gagner, à condition que C gagne la troisième partie... Résumons toutes les manières possibles qu'a le joueur A de remporter le tournoi en un tableau :

Le gagnant est	1er cas	2e cas	3e cas
1re partie	A	A	A
2e partie	A	B	B
3e partie		C	C
4e partie		A	A
5e partie		A	B
6e partie			C
7e partie			A
8e partie			A

La seconde manière pour *A* de remporter le tournoi a pour probabilité 1/2 (1/8), la troisième a une probabilité huit fois plus faible que la seconde, la quatrième huit fois plus faible que la troisième et ainsi de suite. Au total, la probabilité pour que *A* remporte le tournoi est :

$$P = 1/2 \ [(1/8 + (1/8)^2 + (1/8)^3 ...]$$

Le crochet est une progression géométrique, et on démontre que, lorsque le nombre de ses termes augmente, il tend vers 1/1 — (1/8) soit pour *p* la valeur 4/7.

Si donc le joueur *A* remporte la première partie, il a 4 chances sur 7 de remporter le tournoi. S'il perdait cette première partie, on pourrait refaire exactement le même tableau et le même calcul pour obtenir la valeur de la probabilité pour que *A* gagne quand même le tournoi : on trouverait 2/7. Ce nombre est d'ailleurs la probabilité que *B* a de gagner si *A* remporte la première partie ; quant aux chances de *C* elles sont de :

$$1 — 4/7 — 2/7$$

soit 1 chance sur 7, si *A* gagne la première partie, et bien entendu, 2 sur 7 si *A* perd la première partie.

Résumons ; si *A* gagne la première partie, les probabilités respectives sont :

$$4/7 \qquad 2/7 \qquad 1/7$$

tandis que si *A* perd la première partie, elles sont de :

$$1/7 \qquad 4/7 \qquad 2/7$$

A peut donc gagner le tournoi, soit en remportant la première partie [avec une probabilité de 1/2 (4/7) soit (4/14)], soit en la perdant [avec une probabilité de 1/2 (1/7) soit (1/14)]. Ces deux hypothèses s'excluant mutuellement, *A* a au total une probabilité de gagner de :

$$4/14 + 1/14 = 5/14.$$

Comme, au commencement du tournoi, *A* et *B* ont les mêmes chances de gagner, la probabilité qu'a *B* de remporter le tournoi est également de 5/14, d'où pour *C* :

$$1 — 5/14 — 5/14 = 4/14.$$

La méthode du tournoi désavantage donc légèrement le joueur qui ne participe pas à la première partie.

Calcul par l'espérance mathématique

Imaginons qu'une somme de 1 F soit promise au gagnant du tournoi, et dans un premier temps du calcul, imaginons que *A* ait gagné la première partie ; appelons *a b* et *c* les espérances mathématiques des trois joueurs après cette première partie. Si *A* gagne la seconde partie (ce qui est possible avec une probabilité de 1/2), le jeu est fini : *A* gagne 1 F et *B* et *C* ne touchent rien du tout. L'espérance mathématique de *A* attachée à cette première hypothèse est donc 1/2 F.

Si au contraire *A* perd la seconde partie, tout recommence, *A* jouant le rôle de *B*, *B* le rôle de *C* et *C* celui de *A*. Les espérances mathématiques respectives attachées à cette seconde hypothèse sont donc 1/2 *b*, 1/2 *c* et 1/2 *a*.

Au total, nous trouvons pour valeurs respectives de *a*, *b* et *c* :

$$
\begin{aligned}
a &= 1/2 + 1/2\,b \\
b &= 1/2\,c \\
c &= 1/2\,a
\end{aligned}
$$

système de trois équations qu'il est très facile de résoudre ; on obtient ainsi $a = 4/7$, $b = 1/7$ et $c = 2/7$.

Or l'espérance mathématique de *C* n'est aucunement influencée par le résultat de la première partie, à laquelle il ne participe pas. Donc, sans l'hypothèse que nous avons faite sur la première partie, l'espérance mathématique de *C* est 2/7 ou 4/14.

L'espérance totale des trois joueurs étant de 1 F, il reste 10/14 F : et comme, avant la première partie, *A* et *B* doivent avoir des espérances mathématiques égales, on trouve 5/14 comme espérance commune de *A* et de *B* : comme il n'y a qu'un tournoi et qu'un franc en jeu, ces espérances sont égales aux probabilités de victoires, et on retrouve, peut-être un peu plus rapidement que par la méthode directe, les mêmes valeurs pour les probabilités.

La méthode de la poule n'est donc pas parfaite, car elle ne donne pas les mêmes chances à trois joueurs de forces égales. On pourrait penser l'améliorer en donnant un léger avantage, lors de chaque partie, au joueur qui rentre. Cherchons quelle probabilité de gagner une partie il faudrait lui accorder pour rétablir l'égalité des chances des trois participants.

Soit *p* cette probabilité (supposée supérieure à 1/2). Reprenons le raisonnement et le calcul que nous avons élaborés grâce à l'espérance mathématique. On obtient comme système d'équations :

$$a = q + bp$$
$$b = cp \qquad \text{(avec } q = 1 - p\text{)}$$
$$c = ap$$

De ces trois équations, on peut déduire une formule donnant *c* en fonction de *p* :

$$c = \frac{p}{1 + p + p^2}.$$

Pour que la poule soit équitable, comme *A* et *B* ont la même espérance mathématique, il suffit que l'espérance de *C* soit 1/3 d'où la condition :

$$\frac{1}{3} = \frac{p}{1 + p + p^2}.$$

Hélas, la seule solution de cette équation est $p = 1$; ainsi, on ne peut rendre la méthode de la poule équitable qu'en accordant à chaque partie la victoire sans discussion au joueur rentrant ! Mais, outre que l'intérêt de la compétition risque d'être considérablement amoindri, il est facile de voir qu'il y a une certitude pour que le tournoi ne prenne jamais fin : il est en effet impossible à aucun joueur de gagner deux parties consécutives.

Si on veut malgré tout conserver la méthode de la poule, il reste la possibilité soit de diminuer l'enjeu de *C* dans une proportion convenable (pour 14 F d'enjeu, *C* devrait en miser 4, *A* et *B*, 5 chacun), soit de donner un léger avantage au joueur *C* et à lui seul.

A lire tous les exemples et à voir tous les problèmes que nous avons exposés jusqu'à présent, on pourrait croire que les techniciens du calcul des probabilités sont des aimables fantaisistes, qui passent leur temps à forger des paradoxes mathématiques ou à étudier des jeux de hasard. Il n'en est heureusement rien ; si les jeux de hasard ont tenu dans l'élaboration historique et tiennent encore dans la présentation didactique du calcul des probabilités une place considérable, c'est parce qu'ils permettent de décomposer en autant de problèmes élémentaires les difficultés qu'on peut rencontrer au sein d'un seul problème pratique posé à la théorie.

Au contraire, une bonne part des problèmes pratiques qui sont posés à la théorie des probabilités concernent des questions économiques : de la réponse qu'elle donne dépendent des décisions souvent capitales pour l'avenir d'une entreprise, d'une armée, d'une nation. Si le président Kennedy s'est montré si ferme dans la crise cubaine, c'est que les ordinateurs américains, digérant des montagnes de statistiques ont affirmé qu'il y avait une probabilité considérable pour que les Russes abandonnent au dernier moment et s'ils ont effectivement abandonné, c'est probablement parce que leurs ordinateurs avaient fait les mêmes calculs et donné les mêmes résultats.

Sans aller jusqu'à des décisions mettant ainsi en jeu le sort même de la planète, nous allons voir au cours du prochain chapitre que la théorie des probabilités peut être d'une grande utilité, et pas seulement aux habitués des salles de jeux.

8. La statistique

> Il existe trois sortes de mensonges :
> les simples mensonges, les affreux
> mensonges et les statistiques.
>
> *Disraeli*

Les applications « utilitaires » de la théorie des probabilités sont extrêmement nombreuses mais assez peu variées. Mis à part les assurances dont nous dirons quelques mots plus loin, presque toutes ces applications se rattachent à la *statistique*.

Cette discipline, qui est à la fois une science et un art, a des origines fort anciennes. Tacite nous rapporte que l'empereur Auguste ordonna qu'on dénombre tous les soldats, tous les navires, toutes les richesses du royaume ; « César Auguste prit un décret prescrivant le recensement de toute la terre, nous rapporte saint Luc, [...] et tous allaient se faire inscrire, chacun dans sa propre ville. » C'était déjà là une forme de statistique ; il faut bien avouer d'ailleurs que ces statistiques primitives avaient des buts beaucoup moins scientifiques que fiscaux : est-ce l'origine d'une certaine méfiance du public envers les statisticiens ?

Qu'est-ce donc que la statistique ? En 1870, Rumelin déclarait que, en comptant la sienne, il n'existait pas moins de soixante-trois définitions de la statistique. Le progrès scientifique aidant, le chiffre actuel est certainement infiniment plus important. On a fait de la statistique un sujet de pièce de boulevard, témoin ce personnage de Labiche [1] qui compte

---

1. *Les Vivacités du Capitaine Tic* : « La statistique est une science moderne et positive. Elle met en lumière les faits les plus obscurs. Ainsi, dernièrement, grâce à des recherches laborieuses, nous sommes arrivés à connaître le nombre exact de veuves qui ont passé le

les veuves passant sur le Pont-Neuf ; inversement, on en a fait l'argument péremptoire et définitif : lorsqu'un hâbleur déclare que les statistiques démontrent que..., il n'y a plus qu'à tirer l'échelle. B. Shaw a dit qu'on peut tout démontrer avec des statistiques et surtout l'existence des statisticiens. Macaulay déclare : « Les chiffres disent toujours ce que souhaite l'homme habile qui sait en jouer. »

On peut, dans la pensée statistique, distinguer trois phases qui se succèdent dans cet ordre : la première est la statistique descriptive, qui est l'art de condenser, d'analyser et de présenter des renseignements numériques trop nombreux pour être utilisables exhaustivement. La liste de tous les Français, avec, en regard, le chiffre de leur revenu est un document parfaitement inutilisable ; pour une raison de prix de revient, il est même irréalisable. Une des premières tâches du statisticien est de rendre ce document utilisable. Comment procédera-t-il ?

Vraisemblablement en définissant des « tranches de revenus » et en dénombrant les Français dont le revenu se situe dans chacune des tranches ; tels sont les tableaux que publie le ministère des Finances au mois de février de chaque année.

La statistique descriptive condense en un petit nombre de résultats l'information utile concernant une population trop nombreuse pour que l'appréhension directe en soit possible. A ce stade, la statistique n'a aucun rapport avec le calcul des probabilités, ni avec le hasard sous aucune forme. Elle constitue la forme la plus ancienne de la statistique.

Le nom même de la statistique trahit son origine administrative : il vient du bas latin *status*, l'État. Les statistiques sont les renseignements numériques utiles à l'État. H. Guitton observe que le rapport entre les statistiques et l'État ne se limite pas à cette utilité : seul l'État a le pouvoir d'établir une statistique : vous pouvez interroger vos amis et vos proches sur un certain nombre de sujets, mais vous ne pouvez pas interroger n'importe qui sur n'importe quoi (encore que les enquêtes de certains magazines à sensation permettent de se demander s'il reste des questions qu'on ne puisse pas poser).

Pont-Neuf pendant le cours de l'année 1860 : il y en avait 13 453... dont une douteuse. »

Mais, si la statistique n'était qu'une méthode de résumé, elle aurait bien peu d'intérêt pratique : le plus souvent, la liste complète des individus qui constituent la population à étudier est irréalisable, sinon en théorie, du moins en pratique. C'est alors qu'intervient le calcul des probabilités qui transforme l'art de la statistique en une science. Par cette « statistique mathématique », nous atteindrons une connaissance plus économique de la population, nous distinguerons les influences des divers facteurs de variations, nous rétablirons l'ordre là où il n'y a qu'une apparence de désordre. Enfin, dans un stade ultime, nous prétendrons tirer de la connaissance statistique du passé des hypothèses sur le futur : c'est ce que certains économistes appellent la « conjoncture ». On se rapproche ainsi d'une définition plus moderne de la statistique, « ensemble de méthodes pour prendre des décisions raisonnables en présence d'incertitudes ». Et comme il n'est guère de cas où un décideur possède la totalité des informations qui pourraient influer sur sa décision, cette définition ouvre à la statistique un champ d'action fort ambitieux.

Un des exemples les plus simples de décisions face à l'incertitude concerne les assurances.

Les assurances

Les activités d'assurance constituent un secteur d'applications importantes du calcul des probabilités. Elles tiennent une place à part parmi ces applications, aussi bien par leur ancienneté historique que par leur nature intrinsèque.

C'est en effet au XIVe siècle que l'on trouve, liés au développement du commerce maritime, les premiers contrats d'assurances. L'assurance terrestre s'est développée bien plus tard : c'est en 1717 qu'est constitué à Paris le Bureau des incendies, qui d'ailleurs s'apparente davantage à l'assistance qu'à l'assurance. C'est avec plus de retard encore qu'est apparue l'assurance sur la vie, probablement parce qu'elle était

Age	Persons living	Decr. of Life	Age	Persons living	Decr. of Life	Age	Persons living	Decr. of Life
0	1149	300	31	428	7	62	187	8
1	849	127	32	421	7	63	179	8
2	722	50	33	414	7	64	171	8
3	672	26	34	407	7	65	163	8
4	646	21	35	400	7	66	155	8
5	625	16	36	393	7	67	147	8
6	609	13	37	386	7	68	139	8
7	596	10	38	379	7	69	131	8
8	586	9	39	372	7	70	123	8
9	577	7	40	365	8	71	115	8
10	570	6	41	357	8	72	107	8
11	564	6	42	349	8	73	99	8
12	558	5	43	341	8	74	91	8
13	553	5	44	333	8	75	83	8
14	548	5	45	325	8	76	75	8
15	543	5	46	317	8	77	67	7
16	538	5	47	309	8	78	60	7
17	533	5	48	301	8	79	53	7
18	528	6	49	293	9	80	46	7
19	522	7	50	284	9	81	39	7
20	515	8	51	275	8	82	32	6
21	507	8	52	267	8	83	26	5
22	499	8	53	259	8	84	21	4
23	491	8	54	251	8	85	17	4
24	483	8	55	243	8	86	13	3
25	475	8	56	235	8	87	10	2
26	467	8	57	227	8	88	8	2
27	459	8	58	219	8	89	6	2
28	451	8	59	211	8	90	4	2
29	443	8	60	203	8	91	2	1
30	435	7	61	195	8	92	1	1

Table de vie de Northampton

considérée comme immorale : le bénéficiaire du contrat peut être amené à souhaiter, voire à hâter, le décès de l'assuré.

On peut en chercher les premières traces dans une institution italienne du milieu du XVIIᵉ siècle, les tontines, invention du banquier florentin Lorenzo Tonti. Des associés d'âges identiques contribuent à un fonds commun, destiné à servir une rente viagère à ceux qui seront encore en vie à une date déterminée. Les archives des tontines constituent les plus anciennes statistiques de mortalité dont nous disposons.

En 1763, la Société royale d'Angleterre publie un livre posthume de Richard Price, *Essai de résolution des problèmes de la doctrine des chances* ; la compagnie « L'Équitable » pour qui Price avait travaillé connut une certaine prospérité en fondant les primes de ses contrats d'assurance-vie sur les *Tables de vie de Northampton* : ces tables étaient pourtant extrêmement rudimentaires ; en particulier, les chiffres de naissance avaient été tirés des registres paroissiaux d'une ville où une fraction importante de la population désapprouvait le baptême des enfants ! D'ailleurs le gouvernement de Sa Majesté perdit à l'époque beaucoup d'argent en calculant ses annuités de retraite à partir des mêmes tables. La possession de statistiques aussi précises que possible est absolument indispensable à toute activité d'assurance.

Il existe dans un véritable contrat d'assurance une différence fondamentale avec les jeux du hasard ou les expériences dans lesquelles le hasard seul intervient. Dans un jeu, en effet, chacun des partenaires a un certain espoir de gain et un certain risque de perte : ni l'un ni l'autre ne sont négligeables sans quoi le jeu n'aurait plus aucun attrait. L'assurance est plutôt comparable à une loterie dans laquelle tous les billets (ou presque tous) auraient été vendus : chaque acheteur de billet est un joueur, mais l'organisateur de la loterie n'en est pas un ; avant l'expérience aléatoire que constitue le tirage, il sait exactement (ou du moins avec une très forte probabilité s'il reste un petit nombre de billets invendus) quel est son gain, différence entre le prix de vente des billets et les frais d'organisation et de paiement des lots promis.

Un risque est assurable, écrit Maurice Fauque (*les Assurances,* coll. « Que sais-je ») , si deux conditions se trouvent remplies : d'abord s'il peut faire l'objet d'une statistique permettant d'évaluer sa fréquence ; ensuite s'il est possible de grouper un nombre suffisant de tels risques de manière à permettre au gérant des risques de les compenser entre eux en ce qui concerne la survenance des sinistres.

La seconde de ces conditions, fort importante dans la technique pratique de l'assurance, est une simple application du principe des probabilités composées (par exemple par la règle de l'unité décimale d'écart) et de la « loi unique du hasard » selon laquelle un événement de probabilité suffisamment faible ne se produit pas. La technique de l'assurance consiste alors à grouper suffisamment de contrats pour qu'un écart considéré comme mettant la compagnie en danger (par exemple atteignant 25 % du capital) soit humainement impossible : éventuellement on ne conserve qu'une partie des risques importants, grâce à la réassurance.

Mais bien entendu, il n'y a d'assurances possibles que s'il peut y avoir statistique : les compagnies qui, au début du siècle, ont accepté d'assurer les premières automobiles par extension des contrats couvrant les attelages hippomobiles ne faisaient pas là de l'assurance, mais se livraient à un véritable jeu de hasard. Ce jeu leur était permis sans risques financiers excessifs par le faible nombre de contrats automobiles par rapport à l'ensemble de leur activité, mais il n'en restait pas moins un jeu. Et c'est précisément par ces nouveaux contrats de jeu que le risque automobile a donné prise à la statistique et est devenu peu à peu véritablement assurable. De la même manière, les assureurs qui, en 1984 et 1985, couvrirent les premiers tirs de la fusée Ariane, ont pris quelque risque pour « ouvrir » un marché : la prime était de l'ordre de 20 % du coût de la fusée. L'échec essuyé en septembre 1985 a frappé les esprits, car il survenait en présence du président de la République, mais, venant après onze tirs réussis, il n'a pas infirmé le pari des assureurs.

Une autre exigence découle du recours à la statistique ; il est nécessaire que le contrat d'assurances soit neutre vis-à-vis du risque, c'est-à-dire que son existence même n'entraîne pas une augmentation du risque assuré.

Cette exigence impose un certain nombre de règles concernant le calcul des primes et la réparation des dommages survenus.

Les articles 28 à 30 de la loi du 13 juillet 1930 définissent les

règles de réparation des sinistres en sorte d'exclure tout
« enrichissement sans cause » : les dommages volontaires sont
exclus de tout contrat et le cumul de plusieurs contrats sur un
même bien est réglementé en sorte que l'assuré ne puisse
jamais être indemnisé au-delà du dommage effectivement
supporté.

Les modèles

Face à un avenir qu'il ne connaît pas, l'assureur se construit
une sorte de modèle, transformant les observations du passé en
probabilités. Les « lois de probabilité » des aléas numériques
présentées au chapitre 6 sont des exemples simples de ces
modèles.

Mais la construction elle-même d'un modèle n'est pas
toujours aussi simple. Face à une série d'observations, quel
modèle choisir ? Loi binômiale ou loi normale ? Loi de
Bernoulli ou loi de Poisson ? Et pourquoi d'ailleurs se limiter à
une loi répertoriée dans ce livre ? Ou même dans un livre plus
complet ? L'observation déjà rapportée de l'usage privilégié
d'un petit nombre de « lois usuelles » n'a de valeur qu'expérimentale.

Et une loi ayant été choisie, il reste à préciser un ou plusieurs
paramètres : la loi de Poisson dépend d'un paramètre, la loi de
Laplace-Gauss de deux. Quelles valeurs leur donner pour
« coller » le mieux possible à la réalité observée ? C'est là un
problème classique et important de la statistique, appelé
ajustement.

Pour faire comprendre les techniques d'ajustement statistique, nous nous limiterons pour l'essentiel dans ce qui suit aux
modèles affines à une seule variable explicative. Autrement
dit, on conjecture entre la variable « expliquée » x et la
variable « explicative » y une relation du premier degré, de la
forme $y = ax + b$. Le problème de l'ajustement consiste à
déterminer les paramètres a et b en sorte que les observations

s'ajustent *le mieux possible* au modèle. De nombreuses méthodes sont envisageables :

— La méthode des moments. Elle consiste à choisir les paramètres en sorte que soient égales les moyennes des deux séries de valeurs de la variable expliquée, la série des valeurs observées et la série des valeurs calculées à partir du modèle. Si l'égalité des moyennes ne suffit pas à calculer les paramètres, et c'est ce qui se produit s'il y a plus d'un paramètre, on égalise les moyennes des carrés des valeurs des deux séries ; s'il y a plus de deux paramètres, on égalise en outre les moyennes des cubes, et ainsi de suite.

— La méthode du maximum de vraisemblance. Les paramètres sont choisis en sorte que la probabilité d'obtenir les observations réelles, qu'on appelle alors la vaisemblance, soit la plus élevée possible.

— La méthode des moindres carrés. Elle consiste à choisir les paramètres en sorte que soit minimale la somme des carrés des « erreurs », c'est-à-dire des différences entre les valeurs observées et les valeurs calculées à partir du modèle.

Bien d'autres méthodes existent, et sont d'ailleurs disponibles sur la plupart des micro-ordinateurs : dans les cas les plus simples, il est d'ailleurs fréquent que deux ou plusieurs méthodes conduisent au même résultat.

Les tests statistiques

Sans aller jusqu'à la détermination précise des valeurs à attribuer aux paramètres d'un modèle, on peut vouloir prendre une décision binaire (du type oui-non) sur le vu d'un échantillon. La statistique fournit encore le moyen d'une réponse, c'est la théorie des tests.

Imaginons par exemple un fabricant d'ampoules électriques qui garantit une durée de vie de ses ampoules de 1 000 heures en moyenne. Soucieux de contrôler ses fabrications, il prélève dans un lot un échantillon de 25 ampoules, les essaie et trouve une durée de vie moyenne de 950 heures. Doit-il conclure que le lot est défectueux, ou se peut-il que cette différence soit due au hasard du prélèvement ?

Ainsi posé, le problème est insoluble : il faut faire une hypothèse supplémentaire, tirée par exemple d'observations antérieures, sur la forme de la distribution statistique des durées de vie : on admet généralement que c'est une distribution de Laplace-Gauss. L'écart type en est mesuré : admettons qu'on trouve 100 heures. Il reste à fixer un seuil de signification au test statistique, par exemple 5 %. Cela signifie qu'on désire que la procédure de décision adoptée conduise à une décision de rejet du lot prise à bon escient dans 95 % des cas. Le calcul montre que, pour une distribution normale de moyenne 1 000 et d'écart type 100, la moyenne d'un échantillon de taille 25 suit une loi normale de moyenne 1 000 et d'écart type

$$\frac{100}{\sqrt{25}} = 20$$

La consultation d'une table indique que, dans 95 % des cas, la moyenne doit s'écarter de 1 000 de moins de 40 : ce n'est pas le cas de notre observation, et il y a lieu de rejeter le lot.

Le test statistique est une méthode très générale : on peut tester une moyenne, comme dans l'exemple précédent ; on peut tester une variance, un coefficient de corrélation, l'indépendance de deux variables... On peut même tester l'origine de deux échantillons : plaçons-nous dans l'hypothèse suivante : on ne connaît pas la population totale mais on dispose de deux prétendus échantillons. Si ces échantillons présentent quelques dissemblances, est-il plausible qu'ils aient été effectivement extraits d'une même population ? On conçoit les services que peut rendre la réponse à une telle question ; en voici quelques exemples.

Le style d'un auteur présente toujours des permanences : proportions d'emploi de certains mots, de certaines tournures grammaticales... : en présence de deux textes attribués à un même auteur, il est donc possible de « tester » ces permanences et ainsi de déterminer la confiance qu'on peut avoir dans « l'attribution » de ces écrits.

Une méthode analogue a été proposée par un Hollandais,

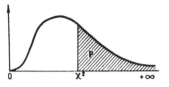

Valeur de χ² ayant
la probabilité P d'être dépassée

ν	P=0,90	0,80	0,70	0,50	0,30	0,20	0,10	0,05	0,02	0,01
1	0,0158	0,0642	0,148	0,455	1,074	1,642	2,706	3,841	5,412	6,635
2	0,211	0,446	0,713	1,386	2,408	3,219	4,605	5,991	7,824	9,210
3	0,584	1,005	1,424	2,366	3,665	4,642	6,251	7,815	9,837	11,341
4	1,064	1,649	2,195	3,357	4,878	5,989	7,779	9,488	11,668	13,277
5	1,610	2,343	3,000	4,351	6,064	7,289	9,236	11,070	13,388	15,086
6	2,204	3,070	3,828	5,348	7,231	8,558	10,645	12,592	15,033	16,812
7	2,833	3,822	4,671	6,346	8,383	9,803	12,017	14,067	16,662	18,475
8	3,490	4,594	5,527	7,344	9,524	11,030	13,362	15,507	18,168	20,090
9	4,168	5,380	6,393	8,343	10,656	12,242	14,684	16,919	19,679	21,666
10	4,865	6,179	7,267	9,342	11,781	13,442	15,987	18,307	21,161	23,209
11	5,578	6,989	8,148	10 341	12,899	14,631	17,275	19,675	22,618	24,725
12	6,304	7,807	9,034	11,340	14,011	15,812	18,549	21,026	24,054	26,217
13	7,042	8,634	9,926	12,340	15,119	16,985	19,812	22,362	25,472	27,688
14	7,790	9,467	10,821	13,339	16,222	18,151	21,064	23,685	26,873	29,141
15	8,547	10,307	11,721	14,339	17,322	19,311	22,307	24,996	28,259	30,578
16	9,312	11,152	12,624	15,338	18,418	20,465	23,542	26,296	29,633	32,000
17	10,085	12,002	13,531	16,338	19,511	21,615	24,769	27,587	30,995	33,409
18	10,865	12,857	14,440	17,338	20,601	22,760	25,989	28,869	32,346	34,805
19	11,651	13,716	15,352	18,338	21,689	23,900	27,204	30,144	33,687	36,191
20	12,443	14,578	16,266	19,337	22,775	25,038	28,412	31,410	35,020	37,566
21	13,240	15,445	17,182	20,337	23,858	26,171	29,615	32,671	36,343	38,932
22	14,041	16,314	18,101	21,337	24,939	27,301	30,813	33,924	37,659	40,289
23	14,848	17,187	19,021	22,337	26,018	28,429	32,007	35,172	38,968	41,638
24	15,659	18,062	19,943	23,337	27,096	29,553	33,196	36,415	40,270	42,980
25	16,473	18,940	20,867	24,337	28,172	30,675	34,382	37,652	41,566	44,314
26	17,292	19,820	21,792	25,336	29,246	31,795	35,563	38,885	42,856	45,642
27	18,114	20,703	22,719	26,336	30,319	32,912	36,741	40,113	44,140	46,963
28	18,939	21,588	23,647	27,336	31,391	34,027	37,916	41,337	45,419	48,278
29	19,768	22,475	24,577	28,336	32,461	35,139	39,087	42,557	46,693	49,588
30	20,599	23,364	25,508	29,336	33,530	36,250	40,256	43,773	47,962	50,892

Nota. ν est le nombre de degrés de liberté. Pour ν>30 on admettra que
$\sqrt{2\,\chi^2} - \sqrt{2\,\nu - 1}$ est distribué normalement (moyenne nulle, écart type unité).

Van Dantzig, pour essayer de déceler les contrefaçons de
tableaux. On se livre d'abord à l'étude détaillée des œuvres du
peintre à qui le tableau litigieux est attribué : des centaines de

caractéristiques sont répertoriées, couleurs, reliefs, coups de pinceaux, détails anatomiques, qualités géométriques... On considère alors toute l'œuvre du peintre comme une population dont le tableau en question constituerait un échantillon : il n'y a plus qu'à comparer des pourcentages. Ces chiffres ne prétendent à aucun jugement de valeur artistique. « Cependant, écrit Van Dantzig, notre adhésion sentimentale et réfléchie se trouve fortement influencée par notre système de calculs, qui nous garantit le minimum d'erreurs [...] et assure à notre jugement la plus large objectivité. »

Nous allons essayer d'indiquer, par un exemple emprunté à la statistique médicale, comment on opère pour comparer ainsi deux échantillons et tester l'hypothèse selon laquelle ils proviennent d'une même population.

On divise la population en un certain nombre de classes a, b, c... dans lesquelles, si l'hypothèse était exacte, on devrait trouver m_a, m_b, m_c... individus. L'expérience nous fait trouver en réalité, $m_a + x_a$, $m_b + x_b$, $m_c + x_c$... ; on calcule alors la quantité

$$x^2 = \frac{(x_a)^2}{m_a} + \frac{(x_b)^2}{m_b} + \frac{(x_c)^2}{m_c} + \dots$$

Bien entendu, si l'on avait trouvé quelque valeur, par exemple pour la classe a, inférieure à m_a, on l'aurait appelée $m_a - x_a$ et la valeur calculée de x^2 aurait été la même.

Il est clair que plus les valeurs expérimentales sont voisines des nombres théoriques, plus la valeur de x^2 est faible. Si l'hypothèse de départ était exacte et s'il n'y avait pas de fluctuations aléatoires, on devrait même trouver zéro pour valeur de x^2. En fait, les fluctuations aléatoires sont inévitables, du fait même qu'il y a échantillonnage mais il est peu probable qu'elles provoquent des valeurs élevées de x^2. Au début du siècle, K. Pearson a étudié la fonction de répartition de x^2 et il existe des tables indiquant la probabilité pour qu'une valeur donnée de x^2 soit dépassée, dans le cas où seule intervient la fluctuation due à l'échantillonnage.

Voici un exemple d'emploi de ce test (en toute rigueur, l'exemple choisi est trop simple : s'il y a seulement deux classes, le test est beaucoup trop sévère et exige une correction de Yates ; nous n'en tiendrons pas compte ici). Il est emprunté à L. Lison.

61 rats ont été inoculés de trypanosomes ; parmi eux, 26 ont subi un certain traitement dont on veut précisément éprouver l'efficacité. Les résultats sont les suivants :

	Non traités	*Traités*	*Total*
morts	24	11	35
survivants	11	15	26

Si le traitement est inefficace, les 35 individus non traités et les 26 traités sont des échantillons d'une même population. La meilleure estimation du taux de mortalité « théorique » de cette population s'obtient à partir des chiffres de la dernière colonne, qui « résument » la population. Pour la proportion de morts, on trouve 35/61 soit 57,4 % et donc 42,6 % de survivants. Si le traitement est inefficace, on devrait donc s'attendre, pour le groupe non traité qui comprend 35 individus à :

$$35 \frac{57,4}{100} = 20,1 \text{ morts}$$

et donc à 14,9 survivants. Pour le groupe traité, qui comprend 26 individus [1], ces nombres sont respectivement :

$$26 \frac{57,4}{100} = 14,9 \text{ morts} \quad \text{et} \quad 26 \frac{46,6}{100} = 11,1 \text{ survivants.}$$

Ainsi, pour les quatre groupes, les nombres figurant dans la formule de calcul de x^2 sont :

$$m_a = 20,1 \quad m_b = 14,9 \quad m_c = 14,9 \quad m_d = 11,1$$

et les différences avec les valeurs expérimentales sont :

$$x_a = 3,9 \quad x_b = 3,9 \quad x_c = 3,9 \quad x_d = 3,9$$

et donc

$$x^2 = \frac{(3,9)^2}{20,1} + \frac{(3,9)^2}{14,9} + \frac{(3,9)^2}{14,9} + \frac{(3,9)^2}{11,1} = 4,21.$$

1. Cette rencontre des deux nombres 26 est fortuite.

Si l'on se reporte à une table de χ^2, on trouve que, avec une probabilité de 95 %, χ^2 ne doit pas dépasser la valeur 3,84. (Ce seuil de 95 % est le plus souvent adopté.) La valeur calculée étant supérieure, on doit donc conclure à une différence significative entre les deux populations.

En réalité d'ailleurs, il n'existe pas une loi de χ^2, mais toute une famille de telles lois : chacune correspond à un nombre caractérisant l'expérience et appelé « nombre de degrés de liberté » ; intuitivement, on peut définir le degré de liberté comme le nombre de groupes dont les effectifs sont indépendants (indépendant signifiant que l'effectif peut prendre une valeur qui ne peut être calculée à partir des valeurs des nombres pris dans les autres groupes). Dans l'exemple que nous avons étudié, il n'y a qu'un degré de liberté ; si l'effectif de l'une des classes est connu, par exemple 24 pour le groupe « morts, non traités », on peut calculer l'effectif de toutes les autres classes, puisque les totaux sont fixés par l'hypothèse expérimentale ; le nombre de « survivants, non traités » est nécessairement $35 - 24 = 11$ et ainsi de suite. La table reproduite page 143 donne les valeurs de χ^2 pour un certain nombre de degrés de liberté.

L'information statistique

Il existe de nombreuses manières d'acquérir l'information statistique. On considère une population P (population étant encore pris au sens, que lui donnent les statisticiens, de collection-objet de l'étude ; une population peut être tout aussi bien constituée de personnes physiques que d'animaux, de réfrigérateurs, ou même d'éléments abstraits comme des vitesses ou des âges).

Soit par commodité, soit pour des raisons de prix de revient, soit pour toute autre raison, on peut être amené à ne pas étudier exhaustivement la population P. Comment peut-on cependant obtenir des informations statistiques à son sujet ?

Il se peut tout d'abord que P ne soit pas accessible, mais qu'une partie de P le soit et qu'il existe une relation connue entre la partie et le tout. L'exemple le plus connu est celui de l'annuité successorale. On ne dispose pas de moyens de connaître le chiffre total de la fortune des Français, en l'absence d'un impôt généralisé sur le capital ; mais on connaît chaque année la somme globale transmise par héritage, puisqu'il existe un impôt successoral ; c'est cette somme qui a reçu le nom d'annuité successorale. Foville a alors remarqué qu'en moyenne, chaque héritier avait trente ans à vivre après avoir reçu la fortune de ses parents ; il en déduisit que l'annuité successorale représente le trentième de la fortune des Français. En 1913, cette annuité était de 6 600 millions de francs, d'où résultait pour estimation de la fortune des Français

$$30 \times 6\ 600 = 198\ 000$$

ou 198 milliards de francs.

Le principal défaut de cette méthode d'estimation est qu'elle multiplie l'erreur : dans l'exemple que nous avons choisi, l'évasion fiscale fausse probablement d'une façon assez grave notre estimation.

Néanmoins, si l'erreur reste en proportion constante dans le temps, la méthode donne une bonne idée de la variation annuelle de la fortune privée de la France ; on suppose cette permanence tant que la loi successorale ne subit pas de modification.

Une autre méthode, extrêmement usitée, consiste à extraire un « échantillon » de la population à étudier : c'est la méthode du sondage. L'objet d'un sondage est de « tenter de décrire le tout par la partie » (INSEE, *la Méthode des sondages*). Entreprise difficile et sujette à de nombreuses erreurs : tout repose sur le choix convenable de l'échantillon. L'Anglais qui débarque à Calais et déclare : « Toutes les Françaises sont rousses », fait à sa manière un sondage, mais il *généralise abusivement.* C'est justement l'objet de la théorie du sondage que de définir les possibilités et les limites de la généralisation non abusive. Elle fera l'objet du prochain chapitre.

L'information statistique, en matière économique, politique, ou sociale, n'est pas toujours neutre. Une décision déjà ancienne de l'INSEE montre qu'en ces matières la statistique perd son rôle de simple enregistreur pour acquérir un pouvoir propre ; sous la signature d'Alain Vernholes, *le Monde* commente en ces termes la décision du ministère des Finances de supprimer du bulletin de l'INSEE les commentaires de conjoncture (8.1.65) :

« ... C'est ainsi que depuis plusieurs mois, les statisticiens de l'INSEE avaient insisté sur la probabilité d'une stagnation de la production industrielle à partir de la fin de 1964 ou du début de 1965. Or, c'est précisément au moment où ces prévisions se réalisent que les bulletins de l'INSEE décrivant le climat et les perspectives en matière de production industrielle se trouvent amputés de tout commentaire. Il y a là beaucoup plus qu'une simple coïncidence.

« Les chefs d'entreprises semblaient, en effet, assez influencés, au moment de prendre une décision importante (en matière d'investissements par exemple) par le " climat " exprimé par les commentaires de l'INSEE [...]. Il est possible que le tableau trop fréquemment brossé d'une situation qui se détériore ait pour effet d'accélérer cette détérioration... »

Et R. Marjolin : « Le capitalisme libéral ne peut être conçu que comme l'activité d'individus qui ignorent les conséquences de leurs propres actions » ; la diffusion de l'information statistique, par son pouvoir multiplicateur propre, risque de perturber gravement le fonctionnement du système. C'est surtout à propos des sondages d'opinion, comme nous le verrons plus loin, que la discussion sur ce sujet s'est développée.

Achevons ce tour d'horizon de l'aide que peut supporter à l'économiste l'étude des lois du hasard par un exemple assez curieux, publié en avril 1937 par Eugen Slutzky dans la revue *Econometrica*.

Slutzky part d'une suite de nombres parfaitement aléatoires, comme des résultats de loteries :

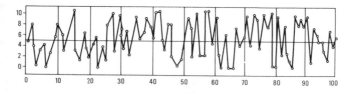

Cette courbe est extrêmement irrégulière. Slutzky l'adoucit par la méthode de la moyenne mobile ; cette méthode consiste à remplacer chaque nombre par la moyenne des 10 précédents (on pourrait prendre d'ailleurs un nombre quelconque de termes, pourvu que ce nombre soit constant). Or il se trouve qu'ainsi adoucie, la courbe coïncide d'étrange manière avec la courbe représentant les variations de l'indice des prix anglais de 1855 à 1877.

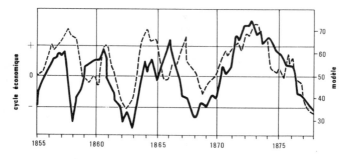

Ainsi, les efforts des économistes pour rechercher les causes des cycles des affaires sont peut-être vains : des causes parfaitement aléatoires sont capables de produire de tels cycles. Cependant l'un des paramètres est d'ordre purement économique, c'est le nombre 10 qui a été choisi pour l'adoucissement de la série aléatoire.

PREMIER GALLUP

_Voilà... J'enquête sur les désirs de la population

9. Les sondages

Lorsqu'on parle de statistiques avec un reflet de méfiance dans la voix, on pense souvent aux sondages ; en période électorale, les lecteurs des journaux sont abreuvés de pourcentages ; en tout temps, c'est la cote de popularité de tel ou tel dirigeant politique, ou l'avis de 54 % des Français sur le potage en sachet ou les ceintures de sécurité qui nous sont infligés entre deux « baromètres mensuels ».

C'est qu'un sondage réunit sur lui tous les éléments du spectaculaire : un sujet supposé intéresser le lecteur, le frisson du pronostic-tiercé lorsqu'il s'agit de sondages préélectoraux, une aura un peu magique due à l'emploi des chiffres.

Les sondages sont aussi vieux que la presse d'information, puisque c'est en 1824, voici plus d'un siècle et demi, que deux journaux américains, le *Harrisburg Pennsylvanian* et le *Raleigh Star,* publièrent le résultat de sondages sur l'élection présidentielle, en les présentant d'ailleurs comme des pronostics (ils prévoyaient l'élection d'Andrew Jackson à la présidence des États-Unis).

Soixante années plus tard, Charles Taylor, directeur du journal *Boston Globe,* lança une opération d'estimation rapide des résultats pour les nuits d'élection : en envoyant des observateurs dans des bureaux de vote préalablement sélectionnés, il put annoncer les résultats plusieurs heures avant leur publication officielle. C'est l'exacte préfiguration des « opérations-estimations » que les stations de radio périphériques mènent en France depuis quelques années, et sur lesquelles nous reviendrons. A partir de 1916, commence l'ère du gigantisme avec les opérations menées par le journal *Literary Digest :* soit parmi ses lecteurs, soit en prenant des noms dans l'annuaire du téléphone, ce journal envoie des bulletins de vote factices à des millions de personnes : c'est ce qu'on appelait des « votes de paille » (*straw votes*) : 11 millions en 1920, 16,5 millions en 1924, plus de 18 millions en 1928 ; le record absolu fut atteint en 1932 avec 20 millions d'envois, sur lesquels 3 millions revinrent au journal.

La précision des résultats de ces « votes de paille » n'était pas toujours à la hauteur des efforts déployés : erreur de 6 points de pourcentage en 1920, de 5,1 en 1924, de 44 en 1928 ; seule l'année 1932 fait exception avec une erreur de 0,9 point seulement. Mais nous verrons un peu plus loin que ces méthodes n'avaient rien de scientifique et que leur précision relève plus de la chance que des lois du calcul des probabilités.

Parallèlement, des recherches théoriques se poursuivaient pour une méthode représentative : comment faut-il extraire un échantillon d'une population pour que des résultats de l'observation de l'échantillon, on puisse, par induction, tirer des résultats valables pour la population tout entière ? C'est le statisticien norvégien A.N. Kiaer qui popularisera ces recherches, notamment auprès de l'Institut international de statistique qui, en 1903, adopta une recommandation sur la méthode représentative ; en 1915, à Londres, le statisticien Arthur Bowley publie une des premières études par sondage qui portaient sur les conditions de vie de certaines catégories de la population britannique (*Livelihood and poverty*).

En 1933, George Gallup, docteur en psychologie de l'université d'Iowa mène deux séries de sondages : les uns de caractère politique pour aider à la campagne électorale de sa belle-mère Ola Babcock Miller, candidate au poste de secrétaire d'État de l'Iowa, les autres plus commerciaux pour mesurer l'audience de journaux et de magazines. Il fonde en 1935 l'Institut américain d'opinion publique qui, depuis cette époque, publie chaque semaine, sans aucune interruption, les fameux « Gallup Polls », véritables miroirs de l'opinion publique sur tous les sujets possibles et imaginables : l'Institut est aujourd'hui installé dans un petit immeuble de style XVIIIe, couvert de vigne vierge, à deux pas de la célèbre université de Princeton (New Jersey). A peu près à la même époque, Elno Roper fonde, sur les mêmes principes scientifiques, son propre institut, tandis que se créait à Londres l'Institut britannique d'opinion publique, et qu'à Paris Jean Stoetzel créait l'Institut français d'opinion publique.

Dans les années soixante, les instituts spécialisés se sont multipliés dans tous les pays : citons seulement, à cause de leur notoriété actuelle, en France, la Société française d'études par sondages (SOFRES, créée en 1962), et aux États-Unis l'Institut Louis-Harris (créé en 1963) qui est devenu le plus important organisme d'études de marché et d'enquêtes des États-Unis.

La décennie soixante-dix semble être celle de la réflexion critique, et de l'élaboration d'une déontologie de la profession : il s'agit alors, dans presque tous les pays, d'instaurer soit une autodiscipline organisée par les instituts eux-mêmes ou leurs organisations professionnelles, soit une réglementation imposée par le législateur. Nous reviendrons plus loin sur les problèmes spécifiques que pose la publication de sondages à quelques jours d'une élection. Mais, de tout temps, des règles sont nécessaires pour préserver les lecteurs.

La commission parlementaire qui avait préparé le rapport en vue de la réglementation des sondages avait posé quatre règles essentielles (rapport de M. Guy Guermeur à l'Assemblée nationale, 28 juin 1977) :

— En premier lieu, tout sondage doit avoir été réalisé dans des conditions parfaites, afin que le « produit » soit parfait.

— En deuxième lieu, les résultats des sondages doivent être publiés assortis d'informations de nature à souligner leur portée et leurs limites.

— En troisième lieu, ils ne doivent pas porter inutilement atteinte à la liberté d'entreprise et à la liberté d'information.

— Enfin, il paraît nécessaire et même fondamental d'associer étroitement les professions, qu'il s'agisse de la presse ou des instituts de sondage, à toute tentative d'assainissement et de moralisation.

Pour sa part, l'Association américaine pour l'étude de l'opinion publique, qui regroupe toutes les personnes qui, dans les universités ou les entreprises, conduisent des sondages, a demandé, dès 1954, que toute publication de sondage s'accompagne des indications suivantes :

1. description du public étudié,
2. méthode d'échantillonnage et d'enquête,
3. nombre de personnes interrogées,
4. libellé exact des questions posées,
5. date de l'enquête,
6. nom de la personne ou de l'organisme qui a payé le sondage.

Nous allons voir plus loin comment toutes ces indications permettent au lecteur de séparer le bon grain de l'ivraie.

Quant à la loi du 19 juillet 1977, d'initiative parlementaire, elle limite son objet aux sondages ayant un rapport direct ou indirect avec un référendum ou une élection ; elle exige seulement la publication du nom de l'organisme ayant réalisé le sondage et de la personne qui l'a commandé, du nombre de personnes interrogées et de la date de l'enquête. Des indications complémentaires doivent être déposées auprès de la Commission des sondages qui peut en décider la publication ; elles concernent :

— l'objet du sondage,

— la méthode selon laquelle les personnes interrogées ont été choisies, le choix et la composition de l'échantillon,

— les conditions dans lesquelles il a été procédé aux interrogations,

— le texte intégral des questions posées,

— la proportion des personnes n'ayant pas répondu à chacune des questions,

— les limites d'interprétation des résultats publiés,

— s'il y a lieu, la méthode utilisée pour en déduire les résultats de caractère indirect qui seraient publiés.

Cela n'apaise pas pour autant certains détracteurs qui voient dans les sondages un danger pour la démocratie et une pression intolérable sur les dirigeants.

C'est oublier que si la connaissance de l'opinion est utile aux hommes politiques, ceux-ci doivent en tenir compte mais n'ont pas à suivre aveuglément ses inclinations (ou alors que veut dire le mot « dirigeant » ?). Les grands hommes politiques ont su prendre des décisions impopulaires dont le génie n'a été reconnu que plus tard : c'est le général de Gaulle, seul, relevant la tête le 16 juin 1940 ; ce sont trois Premiers ministres anglais successifs œuvrant pour l'entrée de leur pays dans le Marché commun.

Winston Churchill disait : « Rien n'est plus dangereux que de vivre les yeux fixés sur les sondages, prenant sans cesse sa propre température... Il n'y a qu'un devoir, qu'un chemin : essayer de bien agir et ne pas craindre de dire ou de faire ce qu'on estime nécessaire. » Bien sûr, poussée à ses limites, cette théorie mène à la dictature : Hitler, Mussolini et Staline n'ont pas agi autrement ; Hitler parlait d'une « humanité stupide comme le granit », Mussolini décrivit la démocratie comme un cadavre puant, quant à Staline, il avait trouvé une méthode radicale pour éliminer les opposants.

On peut d'ailleurs noter que l'un des pays dont le régime politique suscite l'admiration du monde entier, la Suisse, est celui qui donne le plus grand poids à l'opinion populaire et le plus petit aux dirigeants ; par la voie du référendum les citoyens ont l'occasion de donner leur avis sur tous les problèmes importants (puisque le référendum peut être d'initiative populaire), sans que l'histoire ait montré qu'ils se soient jamais trompés lourdement.

Le juste milieu est peut-être défini par l'ancien Premier ministre britannique Harold Wilson, lui-même statisticien, qui a écrit pour le *Britannica Book of the Year* ce commentaire, que George Gallup a présenté comme le « credo du sondage » :

« La conclusion de l'homme d'État pourrait être : prêter attention aux sondages, ne pas en faire des idoles. Ne pas chercher à en bannir la publication, que ce soit une veille d'élection ou tout autre jour. Les considérer comme une tentative honnête pour enregistrer l'état de l'opinion publique, à un moment donné, en une occasion politiquement importante ; ou, à tout le moins, comme une évaluation non de l'opinion mais de ce phénomène indéfinissable, l'état d'esprit du public sur une situation politique d'ensemble, un facteur de la politique, mais pas le facteur déterminant. Examiner la formulation des questions et les détails des réponses. Insister pour que la publication des résultats soit franche et honnête, qu'elle ne soit pas influencée par les préjugés d'éditeur ou de propriétaire de ceux qui contrôlent la publication, que ce soit par la sélection des résultats publiés, des omissions ou une déformation ; car les sondages constituent un service public ; ce qui veut dire qu'ils doivent servir le processus de la décision démocratique, et non avoir la prétention de le dominer. Traiter donc les sondages avec considération, comme on le ferait de toute évaluation des faits qu'on doit prendre en considération, réalisée honnêtement par des experts professionnels. Et finalement, reconnaître que vous avez été élu, comme législateur ou pour gouverner, pour exercer un jugement, non sur ce qui est convenable ou électoralement payant, mais sur ce qui est le bien. »

Qu'est-ce qu'un sondage ?

Faire un sondage dans une population, c'est observer (ou interroger) une partie de cette population pour en déduire des résultats sur l'ensemble.

Le colonel qui vient à la popote s'assurer que la soupe est bonne ne la mange pas tout entière ; il en prend une cuillère : sondage. L'examinateur qui veut savoir si un candidat au baccalauréat sait son programme d'histoire ne l'interroge pas sur tous les points du programme, il ne pose que quelques questions : sondage. La SNCF qui veut améliorer son service n'interroge pas tous les voyageurs mais seulement un certain nombre : sondage.

Mais c'est évidemment en matière d'opinion publique que les sondages sont les plus répandus, et c'est là que nous choisirons le plus souvent nos exemples dans ces explications.

Le principe du sondage est très simple.

Prenons pour commencer une question ne comportant que deux réponses possibles : avez-vous pris le train au moins une fois dans les sept derniers jours ? (On n'a pas pu choisir ici un exemple d'opinion, car il y a souvent trois réponses possibles : oui, non, sans opinion !)

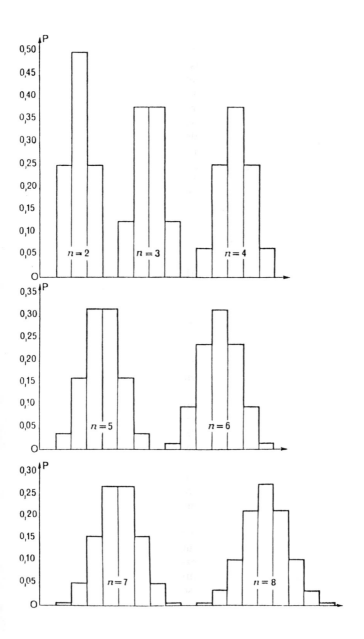

Dans l'ensemble de la population observée, il y a une proportion *p* (par exemple 0,54 soit 54 %) de gens qui ont pris le train dans les sept derniers jours.

Lorsqu'on interroge une seule personne choisie au hasard, la probabilité pour qu'elle réponde oui est *p* (et naturellement la probabilité pour qu'elle réponde non 1 — *p*). Lorsqu'on interroge deux personnes, on peut obtenir

2 oui   1 oui   0 oui

avec des probabilités qu'il n'est pas très difficile de calculer ; de même pour trois, quatre... Les graphiques de la page précédente représentent ces probabilités pour un nombre de personnes interrogées allant jusqu'à huit.

Lorsque ce nombre devient grand, l'escalier devient très proche de la courbe Laplace-Gauss, courbe dont le sommet, comme c'était le cas pour nos huit escaliers, indique, très précisément, la valeur 0,54 de la proportion *p*.

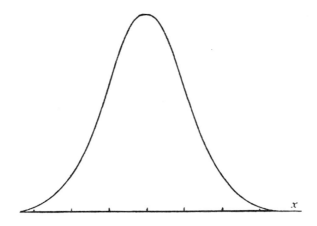

Ce sommet correspond à une moyenne (au sens ordinaire du terme), si bien que la valeur la plus probable de la proportion de oui parmi les personnes interrogées est justement *p*. Plus encore, les autres valeurs possibles sont d'autant plus probables qu'elles sont plus proches de *p* (ce qui est manifeste par le fait que la courbe « monte » jusqu'à son sommet puis « redescend »).

En affinant les calculs, on voit qu'il est donc possible d'énoncer des affirmations du type « il y a 95 % de chances (plus correctement : il y a une probabilité de 0,95) pour que l'intervalle (a,b) calculé contienne la vraie valeur p. Par exemple, si on interroge 2 500 personnes et qu'on trouve 53 % de oui, on pourra affirmer avec 95 % de chances d'être correct que la proportion de oui dans la population est comprise entre 51 % et 55 % : c'est une « fourchette » de plus ou moins 2 %.

La largeur de la fourchette dépend de trois facteurs :

1. La probabilité d'erreur acceptée. Il est clair que si l'on n'accepte qu'une probabilité d'erreur de 0,01 (soit 99 % de chances d'être correct), la fouchette sera plus large que si l'on se contente de 0,05 comme dans l'exemple ci-dessus. Le lien entre ces caractéristiques est d'ailleurs très simple : dans le cas d'une proportion réelle de l'ordre de 0,5 :

— si, pour une fourchette, la probabilité d'erreur est 32 %,

— pour la fourchette double, elle est de 5 %,

— pour la fourchette triple, elle est de 0,3 %.

2. Le nombre de personnes interrogées. Plus il est élevé, plus la courbe en cloche présente une allure pointue, plus, par conséquent, à probabilité d'erreur égale, la fourchette est étroite. Avec une probabilité d'erreur de 5 % et pour une proportion réelle de l'ordre de 0,5, on obtient :

— une fourchette de plus ou moins 8 % en interrogeant 155 personnes,

— une fourchette de plus ou moins 4 % en interrogeant 625 personnes,

— une fourchette de plus ou moins 2 % en interrogeant 2 500 personnes,

— une fourchette de plus ou moins 1 % en interrogeant 10 000 personnes.

On peut remarquer, et ce n'est pas un hasard mais l'exacte formulation mathématique, que, pour diviser la fourchette par deux, il faut multiplier le nombre de personnes interrogées par quatre (et donc aussi le coût de l'enquête). Dans les sondages, la précision revient cher puisque le coût varie en raison inverse du carré de la fourchette.

3. La proportion réelle dans la population observée. Cela peut paraître une difficulté sérieuse puisque, si l'on fait un sondage, c'est justement qu'on ignore cette proportion réelle *p*. Mais ce n'est pas très grave. D'une part, on a souvent une idée grossière de cette proportion, d'autre part, toutes choses égales d'ailleurs, le nombre de personnes à interroger est proportionnel au produit $p(1 - p)$ dont on voit facilement qu'il est le plus petit si *p* est proche de 0 ou de 1, et le plus grand si *p* vaut 0,5.

A la rigueur, si *p* est totalement inconnu, on fera comme si $p = 0,5$; le seul risque étant d'avoir interrogé trop de personnes, ou d'avoir une fourchette réelle plus étroite qu'on ne le croit. Ce n'est pas très grave.

La dispersion de la population observée. Dans le cas où il ne s'agit que d'observer une proportion, ce facteur n'est pas indépendant du précédent. On imagine facilement que, plus la population est homogène, plus le sondage est précis : c'est pour cela que le colonel doit remuer la soupe avant d'y plonger sa cuillère.

On a pu remarquer l'absence, parmi ces différents facteurs qui jouent sur la précision d'un sondage, de l'effectif total de la population étudiée. Car c'est une réalité : interroger 5 000 personnes donne des indications aussi précises sur la ville de Blois, celle de Paris ou de la France entière (mais ce ne sont pas les mêmes 5 000). Les sondages d'opinion d'ampleur nationale ne coûtent pas plus cher aux États-Unis, qui comptent 150 millions d'habitants, qu'en France, qui en a le tiers, ou même au Luxembourg. Pour reprendre notre comparaison culinaire, une cuillère de soupe renseigne tout autant sur la qualité d'une assiette que sur celle d'une marmite. Cela paraît évident, et pourtant, des personnes qu'on aurait pu croire averties n'arrivent pas à y croire. George Gallup cite l'exemple de deux sénateurs américains, le sénateur Albert Gore, du Tennessee, et le sénateur Russell Long, de Louisiane. Albert Gore déclarait à la tribune : « En tant que profane, je pose la question de savoir si un sondage portant sur moins de 1 % de la

TABLEAU DES FOURCHETTES (ERREURS ADMISES, EN PLUS OU EN MOINS
AVEC 95 % DE CHANCES) EN POINTS DE POURCENTAGES

Taille de l'échantillon

		3000	1500	1000	750	600	400	200	100
	10	2	2	2	3	4	4	5	7
	20	2	3	3	4	4	5	7	9
	30	2	3	4	4	4	6	8	10
Pourcen-tage réel voisin de	40	3	3	4	4	5	6	9	11
	50	3	3	4	4	5	6	9	11
	60	3	3	4	4	5	6	9	11
	70	2	3	4	4	4	6	8	10
	80	2	3	3	4	4	5	7	9
	90	2	2	2	3	4	4	5	7

population peut être regardé comme correct et significatif : il faudrait un échantillon environ 500 fois plus vaste. » (Nous aurons la charité de ne pas demander combien de personnes il faudrait interroger pour avoir 500 fois 1 % !) Et Russell Long d'enchaîner : « Je crois que nous avons là un bon exemple d'une raison pour laquelle les sondages ne peuvent pas réfléchir avec précision l'opinion des gens. Supposons que nous voulions savoir combien de personnes doivent être interrogées dans une ville de la dimension de La Nouvelle-Orléans, pour se faire une idée sur une élection future. Dans une ville comparable, d'environ 600 000 habitants, un échantillon de 1 000 personnes paraît convenable… Dans ma ville de Baton Rouge (Louisiane), je pourrais très bien me contenter de 300 ou 400 personnes et arriver à un résultat tout aussi précis sur le comportement électoral de la ville, surtout si j'emploie une méthode scientifique. »

L'échantillonnage

L'un des aspects les plus surprenants des indications qui viennent d'être données est le petit nombre de personnes constituant l'échantillon interrogé. Il y a là quelque chose qui choque non seulement notre sentiment personnel d'unicité et de liberté, mais même notre « bon sens ».

Certains vont jusqu'à mettre en doute l'existence même des sondages, disant qu'ils n'ont jamais été interrogés, pas plus qu'aucun de leurs amis. Le journaliste Yves Groschichard rappelait il y a quelques années l'histoire de cette dame qui se plaignait de n'avoir jamais été interrogée par un institut de sondage. Et comme son interlocuteur lui faisait observer que les chances d'être interrogé sont minimes, aussi minimes que celles d'être victime d'un tremblement de terre, elle répondit : « C'est que justement, j'ai été victime deux fois d'un tremblement de terre ! »

D'autres ne comprennent pas le principe même de l'échantillonnage représentatif. C'est par exemple l'écrivain Maurice Druon qui écrit (*le Monde,* 6 septembre 1972) : « Et combien sont-ils, les Français ainsi sondés qui vont habiliter les instituts de la fausse certitude à déclarer : " 38 % des Français pensent... 22 % des Français veulent " ?... Quelques centaines, à peine plus d'un millier. Alors que dans certaines branches de la physique, les experts estiment ne pouvoir se prononcer avec quelque validité sur la fréquence d'un phénomène qu'à partir de millions d'observations, il suffirait, armé d'un calepin et d'un questionnaire, de procéder à l'interrogation de mille personnes pour connaître le comportement politique d'une nation de 50 millions d'habitants. Si telle était la fiabilité des sondages, ce serait très inquiétant pour l'idée que nous nous faisons de la liberté. »

Si la langue de l'écrivain est admirable, le raisonnement est beaucoup moins convaincant. Nous avons déjà évoqué l'effet call-girl (« les experts estiment… ») : quant au rapprochement des chiffres, 1 000 personnes, 50 millions d'habitants, nous avons déjà expliqué (p. 160) que l'importance de la population globale est sans effet : l'interrogation de 1 000 personnes en dit autant sur Baton Rouge, sur la Louisiane, ou sur les États-Unis. Quant aux craintes sur la liberté, elles ont été merveilleusement analysées par Jean Guitton (*le Figaro,* 16 mars 1977) : « En posant le problème de la prédiction de nos actes avant l'événement, je pose un problème beaucoup plus difficile et plus vaste encore, écrit-il, le problème de la prédestination. Les Grecs et les chrétiens ont parfois envisagé que la destinée était fixée à jamais, et que nous pouvions en être informés. Il arrive que l'oracle ou la divinité nous avertisse. Quelle incidence a cet avertissement sur nos conduites ? »

Observons seulement pour l'instant, et nous y reviendrons (p. 175), qu'un sondage, notamment préélectoral, n'est en aucun cas une prévision : tout au plus un miroir pour l'opinion. En outre, poser le problème en terme de liberté, c'est confondre l'individuel et le collectif. Et c'est un autre écrivain, Conan Doyle, qui répond à Maurice Druon : « Alors que l'homme, dans son individualité, demeure insondable, dans une collectivité, il se fait certitude mathématique. On ne peut jamais prédire ce qu'un homme va faire, mais on peut dire avec précision ce qu'un nombre moyen fera. Les individus diffèrent, mais les moyennes restent constantes. »

C'est le simple calcul des probabilités qui montre qu'on peut se contenter d'échantillons relativement restreints, étant entendu :

a. que la certitude absolue est hors d'atteinte : dans une cuve contenant 10 millions de grains de sable et 300 petits diamants, le tirage au hasard de 300 grains peut donner 300 diamants. Le « sondage » ferait conclure à une cuve pleine de diamants, mais la probabilité de cet événement est si faible qu'on doit le tenir pour exclu. Il faut donc toujours accepter un certain risque d'erreur : le plus souvent, on s'en tient au risque de 5 % ;

b. que, avec un risque d'erreur ainsi fixé, on n'obtient pas un nombre, mais une fourchette. Quand bien même on interrogerait 1 million de personnes, on n'obtiendrait pas un nombre sûr, mais seulement une fourchette : étroite, certes (100 fois plus étroite que pour un échantillon de 100 personnes), mais non nulle.

Il est particulièrement important de garder à l'esprit cette notion de fourchette lorsque des comparaisons sont suggérées : si, par des sondages portant sur 1 500 personnes, on trouve une semaine l'indice de satisfaction à l'égard d'un homme politique égal à 54 % et la semaine suivante à 53 %, cela ne prouve rien : en effet, la fourchette de plus ou moins trois points nous indique des intervalles (51 ; 57) et (50 ; 56) qui ont une large partie commune, si bien que la différence n'apparaît nullement comme significative.

Mais naturellement, il ne suffit pas d'interroger 1 500 personnes « n'importe qui, n'importe où, n'importe comment », pour obtenir des résultats conformes aux indications de fiabilité qui viennent d'être présentées.

En fait, la théorie la plus précise est celle des sondages aléatoires : dans un tel sondage, la population est bien définie (on ne peut donc faire un tel sondage sur les poissons de l'Atlantique par exemple), et l'échantillon est constitué par tirage au sort, chaque élément ayant la même probabilité d'être tiré.

Une nécessité apparaît immédiatement : il faut disposer, pour pouvoir procéder au tirage au sort, d'une liste qui énumère tous les éléments de la population observée, sans répétition ni omission : c'est ce qu'on appelle une base de sondage.

Lorsqu'elle ne préexiste pas à l'enquête pour des raisons administratives, la constitution d'une base de sondage est longue et coûteuse. Heureusement, il existe en France et dans la plupart des pays industrialisés de nombreuses bases de sondage disponibles : ainsi l'INSEE dispose d'un fichier des logements, d'un fichier des abonnés de l'EDF, des listes électorales, du fichier des automobiles, du fichier des entreprises industrielles ou commerciales... Toutes ces bases de sondage sont imparfaites : certaines sont incomplètes, par exemple les listes électorales d'où sont exclus les mineurs, les étrangers, les condamnés et même des personnes ayant simplement négligé de s'inscrire ; d'autres ne sont pas complètement à jour au moment de l'enquête, par exemple le fichier des logements omet les logements trop récemment construits, et en comporte d'autres qui viennent d'être démolis...

Une fois la base établie, il faut procéder au tirage de l'échantillon. Mais quel que soit le mode de tirage, ce procédé aboutit à une liste d'éléments, qui peuvent être géographiquement très dispersés : pensons à la dispersion de 1 500 personnes dans toute la France ! C'est pourquoi on préfère parfois procéder à un sondage à plusieurs degrés.

Par exemple, pour effectuer le tirage de 1 500 personnes, on tirera au sort quinze départements (le tirage étant fait en sorte qu'un département ait une probabilité d'être tiré proportionnelle à sa population), puis dans chaque département tiré, on tirera 100 personnnes au sort. L'enquête sera évidemment beaucoup moins coûteuse et plus rapide. On pourrait imaginer d'ailleurs un sondage à trois degrés (départements, cantons, individus) sur le même principe.

La théorie mathématique du sondage aléatoire est particulièrement simple, et c'est historiquement la première qui ait été mise sur pied. Il existe toutefois un certain nombre de méthodes qui permettent soit d'améliorer l'efficacité et la précision des résultats, soit de diminuer le coût de l'enquête, ce qui en fait revient au même puisque, à coût égal, on peut interroger davantage de personnes. Ce sont essentiellement le sondage par grappes, le sondage par strates et la méthode des quotas.

Le sondage par grappes consiste à constituer l'échantillon en interrogeant toutes les personnes appartenant à un même sous-ensemble : on interrogera par exemple toutes les personnes d'une même famille, tous les voyageurs d'un même compartiment de chemin de fer...

La stratification est toute différente dans son principe ; elle repose même sur une idée naturelle, plus naturelle que le tirage aléatoire. Puisqu'on veut constituer un échantillon représentatif de la population, pourquoi ne pas aider le sort et le « fabriquer » à l'image de la population ? S'il y a 55 % de femmes et 45 % d'hommes dans la population, on constituera l'échantillon selon ces mêmes proportions. On dit qu'on a fait une stratification par sexe. De même on fait souvent une stratification par âges, par catégories socioprofessionnelles...

Pour les entreprises, on fait une stratification par dimension (nombre de salariés, ou chiffre d'affaires).

La méthode des quotas est très semblable, mais elle laisse beaucoup plus de liberté à l'enquêteur, le redressement étant fait après coup : c'est à lui que revient de choisir, dans les limites posées à l'avance, les personnes interrogées ; cela nuit bien entendu à la précision de l'observation et pose le problème de la qualité et de la formation des enquêteurs. De toute façon, cela risque de biaiser le résultat, d'une manière difficile à contrôler. Par exemple, si, par un sondage « dans la rue », un enquêteur doit interroger des personnes de moins de 30 ans, il interpellera vraisemblablement des personnes paraissant nettement moins : la classe 29-30 ans sera sous-représentée dans l'échantillon.

On voit donc que « interroger 1 500 personnes par hasard », ce n'est pas interroger n'importe qui. De grandes précautions doivent être prises dans la construction de l'échantillon, ce que font naturellement tous les instituts de sondage sérieux de sorte que les erreurs, et il s'en produit, ne proviennent presque jamais des méthodes d'échantillonnage, mais bien plus souvent des erreurs d'observation individuelle.

Questionnaire et questionneurs

Lorsque l'enquête ne porte pas seulement sur des faits (le logement comporte-t-il une baignoire ?), mais sur des opinions, il y a un risque d'erreurs d'observation : toutes les expériences montrent que les erreurs d'observation sont beaucoup plus importantes que les erreurs statistiques d'échantillonnage. On a vu quelles précautions étaient prises pour éviter ces dernières ; à plus forte raison doit-on être vigilant à l'égard des erreurs d'observation, et donc du libellé des questions et de l'attitude des enquêteurs. George Gallup insiste sur le fait que toute question, si simple soit-elle, doit faire l'objet d'une procédure d'« épreuve préalable » sur un échantillon réduit avant d'être utilisée dans une enquête réelle.

Les personnes interrogées doivent pouvoir *comprendre* les questions, pouvoir y *répondre,* vouloir y répondre *sincèrement :* trois conditions qui ne sont pas faciles à remplir.

La première qualité d'une question est évidemment de pouvoir être comprise de toutes les personnes interrogées. Cela veut dire que les termes techniques ou appartenant à un vocabulaire spécialisé doivent être bannis : autoconsommation, catégorie socioprofessionnelle, fréquence d'achats... Quelle valeur peut avoir le sondage fait en août 1985 parmi les Noirs d'Afrique du Sud pour savoir s'ils sont favorables aux « sanctions économiques » ? Certains mots ont un sens vague, variable selon les interlocuteurs : connaître, lire, habitude, maladie... On ne demandera pas sans précautions : « Lisez-vous *le Figaro ?* », car pour certains, cela signifie : « Le lisez-vous tous les jours ? », et pour d'autres : « Le lisez-vous de temps en temps ? ». On ne demandera même pas : « Avez-vous lu *le Figaro* hier ? », car certains comprendront : « L'avez-vous lu complètement ? » et d'autres : « L'avez-vous acheté ? » ; certains répondront même oui pour avoir lu sur l'épaule de leur voisin de train ou de métro. Toutes les questions sur les habitudes de consommation doivent être précisées de même : « Fumez-vous beaucoup ? » n'a pas le même sens pour la plupart des personnes interrogées ; il vaudra mieux demander : « Combien avez-vous fumé de cigarettes hier ? » Le cas échéant pour des consommations moins fréquentes, on choisira une période de référence plus longue (semaine, mois, trimestre, voire année pour les achats plus importants tels que meubles, véhicules, automobiles...).

Les personnes interrogées doivent pouvoir répondre aux questions posées. Poser brutalement la question : « Etes-vous favorable à la sortie de la France du serpent monétaire européen ? » risque de conduire à de graves mécomptes. On préfère alors poser préalablement des « questions-filtres » permettant de savoir si l'interrogé sait de quoi il s'agit. On demandera par exemple : « Avez-vous entendu parler du serpent monétaire européen ? » Une réponse négative est très probablement sincère. En cas de réponse incertaine ou positive, on peut poser une question de contrôle plus précise.

Mais il peut y avoir simplement une défaillance de mémoire

ou erreur sur la date (« Au cours des trois derniers mois, avez-vous été chez le dentiste ? »).

Les questions sur les intentions sont encore plus risquées. C'est George Gallup qui fait observer que pour beaucoup de gens « avez-vous l'intention de » équivaut à peu près à « aimeriez-vous » ou « pensez-vous que ce serait une bonne idée de ». On obtiendrait des taux de réponses affirmatives tout à fait étonnants en demandant : « Avez-vous l'intention de vous remettre à faire du sport ? » Même les réponses à la question : « Avez-vous l'intention d'acheter tel produit dans les trois prochains mois ? » doivent être interprétées avec une grande prudence.

Les personnes interrogées doivent enfin répondre sincèrement aux questions posées ; et il y a bien des obstacles à cette sincérité. Il est bien entendu indispensable que la personne interrogée soit assurée de l'anonymat statistique, et que l'institut de sondage respecte scrupuleusement cette règle. Cette déontologie est si bien respectée que le nombre de personnes qui refusent de répondre est maintenant très réduit ; en France, l'INSEE prend d'ailleurs la précaution d'envoyer, quelques jours avant le passage de l'enquêteur dans une entreprise ou un domicile privé, une lettre d'annonce insistant sur le caractère anonyme et statistique de l'enquête et attestant qu'il ne s'agit pas d'une démarche commerciale.

Le désir d'impressionner favorablement l'enquêteur est assez discuté. Pour George Gallup, comme les personnes interrogées ne connaissent pas l'enquêteur et n'ont donc aucune raison de chercher à l'impressionner, ce désir est inexistant ; pour d'autres chercheurs, comme Jean Desabie, ce désir peut fausser de façon importante certains résultats : c'est ainsi que la consommation d'alcool se trouverait sous-estimée, et l'écoute des émissions culturelles de radio ou de télévision surestimée. Darell Huff rappelle qu'un sondage auprès des ménages américains « prouvait » qu'un très grand nombre de personnes lisait la revue *Harper's* (magazine d'un haut niveau culturel) et beaucoup moins *True Story* (magazine populaire type presse du cœur) : et pourtant, les statistiques des éditeurs montraient clairement que *True Story* vendait plus de millions d'exemplaires que *Harper's* de centaines de mille ! De même, si un sondage indique que les Français se brossent les dents 0,95 fois par jour, il sera prudent de comprendre « disent qu'ils se lavent les dents » et de contrôler par la consommation de pâte dentifrice : il est en effet vraisemblable que beaucoup d'enquêtés sont réticents à l'idée d'avouer qu'ils ne se sont pas lavé les dents.

Toutes les questions un peu intimes, par exemple sur les croyances religieuses, l'hygiène, l'activité sexuelle, le racisme, doivent être rédigées avec un soin extrême pour éviter soit le refus de réponse, soit des réponses totalement dénuées de sincérité. Même les questions politiques, malgré l'habitude qu'en a le public, courent des risques de cette nature. On se demande par exemple si les sondages ne sous-estiment pas les opinions extrêmes, à gauche ou à droite, certains électeurs hésitant à avouer à haute voix de telles opinions. Mais des précautions dans le questionnaire peuvent corriger ce risque : l'Institut Gallup avait annoncé à un point près (15 %) le score du candidat George Wallace, considéré par beaucoup comme d'extrême droite, aux élections présidentielles américaines de 1968 (résultat 14 %).

Les Français sont particulièrement cachottiers en ce qui concerne leurs revenus, aussi les enquêteurs ne demandent-ils jamais : « Combien gagnez-vous ? » ; tout au plus demandent-ils aux personnes de se situer dans des tranches assez larges. La SOFRES emploie plus subtilement des « échelles de standing » en posant diverses questions relatives au train de vie (confort du logement, marque et puissance de la ou des voitures, habitudes de vacances, dépenses vestimentaires...).

Les questions de motivation présentent également un grand risque d'insincérité. Une enquête sur l'abstention électorale est à ce sujet assez instructive. A la question : « Pourquoi n'avez-vous pas voté au premier tour des élections ? », les personnes interrogées répondent dans l'ordre :
  1. force majeure,
  2. raisons diverses,
  3. manque d'intérêt,
tandis que si on leur demande les raisons pour lesquelles *les autres* n'ont pas pris part au vote, on obtient des résultats exactement inverses :

1. manque d'intérêt,
2. raisons diverses,
3. force majeure.

C'est d'ailleurs un problème plus psychologique que statistique ; beaucoup de personnes sont incapables d'analyser leurs propres préférences. Et si elles préfèrent une marque de beurre A à une autre marque B, elles déclareront A plus onctueux, plus frais, plus coloré, plus naturel... que B, sans que ces critères soient autre chose que le reflet de leur préférence globale, ce qu'on appelle l'effet de halo.

Plus grave encore, il y a des motivations qu'on ne s'avoue pas à soi-même : qui conviendrait qu'il n'a pas souscrit d'assurance sur la vie parce qu'il se moque de ce qui pourrait arriver à sa famille après lui ?

Très proches des questions de motivation, les questions à finalité sont également très sujettes à caution. L'astuce consiste à lier dans l'énoncé même de la question un objectif unanimement souhaitable et un moyen prétendu de l'obtenir :

« Pour améliorer la qualité de l'enseignement, pensez-vous que les maîtres devraient avoir une plus longue préparation à leur métier et des salaires plus élevés ? »

« Pour réduire le trafic de drogue, pensez-vous que les douaniers devraient être plus sévères dans les aéroports ? »

« Pour réduire la criminalité, pensez-vous que la police doive contrôler l'identité de ceux qui circulent à une heure avancée de la nuit ? »

L'interrogé réagit en bloc à l'objectif et au moyen, sans penser à examiner si le moyen offert est efficace, ou si un autre moyen le serait davantage. On obtient alors des pourcentages impressionnants de réponses positives.

De la même façon, on peut « gommer » les conséquences, notamment financières, d'une proposition : il est à peine besoin d'un sondage pour savoir que les gens veulent des automobiles moins polluantes, des logements mieux insonorisés et des autoroutes pour aller partout. La seule vraie question serait : « Êtes-vous prêt à payer x % de plus (sur le prix d'une automobile, sur votre loyer, sur vos impôts) pour obtenir... ? » Le citoyen a toujours l'impression qu'un autre paiera.

Cette influence est d'ailleurs parfois peu explicable. On cite souvent une enquête faite il y a une dizaine d'années aux États-Unis, où deux questions ont été posées (naturellement à des personnes différentes) :
« Pensez-vous que les États-Unis doivent autoriser les discours publics contre la démocratie ? » ;

oui 21 % ;   non 62 % ;
sans opinion 17 %.

« Pensez-vous que les États-Unis doivent interdire les discours publics contre la démocratie ? » :

non 39 % ;   oui 46 % ;
sans opinion 15 %.

D'ailleurs, même avec un public averti, la formulation n'est pas neutre, surtout lorsqu'elle comporte une double négation. Sans aller jusqu'à la caricature : « Êtes-vous d'accord pour désapprouver ceux qui s'opposent au Pacte atlantique ? », on se souvient de la confusion qui a régné un instant au concile Vatican II où les cardinaux ont eu à voter « non placet » pour adopter un schéma.

Parfois, c'est même simplement l'existence de l'observation qui modifie l'attitude : si on demande à une ménagère de noter toutes ses dépenses sur un carnet de comptes énumérant la liste des produits de consommation courante, on peut se demander si ce carnet ne tient pas lieu d'aide-mémoire et ne pousse pas à des achats qui sans lui auraient été retardés. Inversement, l'obligation de noter tout achat freine peut-être certains achats inutiles ou futiles.

Comme on le voit, le questionnaire est une mécanique extrêmement délicate, qu'un grain de sable peut dérégler. Sa rédaction est affaire de spécialistes avertis, ce qui ne dispense pas des tests préliminaires dont nous avons déjà souligné l'importance.

Mais les enquêteurs sont aussi un élément important de la qualité d'un sondage. Aux qualités évidentes de présentation, d'apparence sympathique, de confiance en soi doivent s'ajouter chez l'enquêteur une très grande honnêteté intellectuelle, et une docilité à suivre très exactement des instructions contraignantes même si, faute de formation statistique, il n'en voit pas la nécessité.

George Gallup pense que les femmes réussissent mieux que les hommes dans cette fonction : non seulement elles seraient plus consciencieuses et plus portées à suivre à la lettre les instructions, mais elles seraient plus attirées que les hommes par ce travail. Il s'agit d'ailleurs le plus souvent d'un travail à temps partiel, à la fois parce que très peu d'organismes ont un volume d'enquêtes suffisant pour occuper un nombre important d'enquêteurs à temps plein, et aussi parce que la conduite d'un entretien est nerveusement et mentalement très fatigante et que la qualité du travail se ressentirait fatalement d'un rythme trop soutenu ; ce sont souvent, en ce qui concerne l'Institut Gallup, des femmes d'âge et d'éducation moyens, la plupart mariées et mères de famille, qui exercent ce métier. En France, l'INSEE avait plutôt tendance à utiliser des fonctionnaires, en activité ou en retraite, de sexe masculin et travaillant au voisinage de leur domicile. Le recrutement se fait souvent par cooptation, sur présentation du candidat par un enquêteur en fonction. Il y a d'ailleurs une assez grande mobilité des enquêteurs.

De ce fait, il n'est pas possible de leur donner une formation longue et coûteuse : une documentation précise, parfois une session de 48 heures, et une épreuve « à blanc » sur le terrain suffisent le plus souvent.

Bien entendu, des contrôles sont effectués sur le travail des enquêteurs : contrôle des questionnaires, contrôles statistiques, contre-visite aux personnes interrogées... La tentation majeure, qui consiste à remplir soi-même quelques questionnaires, est évitée à la fois par l'attribution d'une charge de travail raisonnable, et par ces contrôles qui détectent très rapidement ce genre de tricheries.

Mais d'autres causes d'erreurs peuvent être dues à la personnalité même des enquêteurs, et seule l'utilisation pour une même enquête d'un grand nombre d'enquêteurs différents peut atténuer ce risque. Il est bien connu par exemple que la question : « Pensez-vous que les droits attribués aux femmes dans notre société doivent être augmentés ? » reçoit une réponse différente selon le sexe des enquêteurs. Pendant la dernière guerre, aux États-Unis, le Centre de recherche sur l'opinion publique fit une enquête sur un échantillon de 500 Noirs d'une ville du Sud. A la question : « En cas de victoire japonaise sur les États-Unis, estimez-vous que le sort des Noirs serait amélioré ? », les enquêteurs noirs ont obtenu 9 % de réponses affirmatives, les enquêteurs blancs 2 %.

De tels problèmes ne se posent pas avec les enquêtes par correspondance : mais le taux de non-réponse est alors beaucoup plus élevé (80 % de non-réponses n'est pas un taux exceptionnel), et on ne sait pas si cela introduit un biais dans les réponses. Dans les faits, une contre-enquête par visites à un certain nombre de personnes n'ayant pas répondu permet de calculer des coefficients correcteurs et d'aboutir à des résultats satisfaisants. On peut même parfois effectuer ces contre-enquêtes par correspondance en envoyant à ceux qui n'ont pas répondu à la première enquête un second, voire un troisième ou un quatrième courrier : la comparaison des résultats de ces vagues successives de réponses peut permettre d'évaluer et donc de corriger le biais introduit par la méthode.

A cause de son prix de revient beaucoup plus réduit, la méthode du sondage par correspondance est très utilisée, notamment lorsque la précision dans les résultats n'est pas vraiment essentielle. Ainsi certains hommes politiques envoient régulièrement des questionnaires à leurs électeurs : certes, les résultats les intéressent, mais le but recherché est en même temps de donner un sentiment de fierté à l'électeur dont l'avis est ainsi sollicité sur les grands problèmes de l'heure.

On peut même mener des enquêtes par téléphone, ce qui présente naturellement l'avantage d'une très grande rapidité. L'Institut Gallup peut ainsi effectuer des sondages tout à fait fiables dans un délai de 48 heures ; la rapidité de la méthode et son faible prix de revient en font tout l'intérêt : elle permet par exemple d'avoir très vite la réaction de l'opinion à un événement important. Toutefois ce procédé ne permet de toucher que les abonnés au téléphone : le biais est absolument infime aux États-Unis aujourd'hui, où 96 % des foyers possèdent le téléphone. Il serait encore trop important en France. De toute façon, il y a des difficultés propres à la méthode : le contact est plus difficile à établir entre enquêteur et enquêté ; ce qui entraîne un taux plus élevé de « sans opinion » (40 % n'est pas exceptionnel) ; un certain nombre de gens ont demandé à ne pas figurer dans l'annuaire (ce qui n'est pas gênant si les numéros sont faits « au hasard », sans l'utilisation de l'annuaire). Enfin les non-abonnés, même et surtout dans les pays où ils sont peu nombreux, sont concentrés dans la fraction la plus pauvre de la population, dont les opinions peuvent différer considérablement des moyennes, et il est donc nécessaire de corriger les résultats soit au vu d'enquêtes antérieures, soit en envoyant des enquêteurs sur place. Il est bien connu par exemple qu'aux États-Unis, les républicains sont surestimés d'environ 5 % contre les démocrates par les sondages téléphoniques. Faute de ces précautions, le biais introduit par une base de sondage limitée aux abonnés au téléphone peut se révéler rédhibitoire. Il est la cause d'un échec ancien et historiquement célèbre de la méthode des sondages.

C'était en 1936, avant les élections américaines où s'affrontaient le président sortant, F. Roosevelt, et le sénateur républicain, Landon. Les observateurs étaient assez unanimes à prévoir l'échec de Roosevelt. La revue *Literary Digest* organisa une consultation géante et interrogea 2 400 000 personnes, surtout prises dans des annuaires téléphoniques : le résultat de ce gigantesque sondage conduisit le journal à annoncer l'échec de Roosevelt, et une très confortable victoire de son adversaire Landon. Au même moment, George Gallup d'une part, Archibald Crossley et Elno Roper d'autre part, après avoir interrogé un échantillon de 4 000 personnes, annoncent contre tous les augures la réélection de Roosevelt. Aujourd'hui, cela ne surprend plus guère : il ne sert à rien d'avoir un échantillon démesurément grand, plus de 2 millions de personnes, si la sélection n'est pas faite selon les règles du sondage probabiliste : en 1936, les abonnés au téléphone n'étaient pas représentatifs de la population américaine.

Le plus drôle est que le *Literary Digest* avait tous les éléments pour faire une prévision correcte : il ne lui manquait qu'un statisticien averti. En effet, sur les bulletins-réponses retournés au journal figuraient non seulement la préférence pour l'élection à venir, mais aussi l'indication du vote lors de l'élection précédente en 1932, où Roosevelt l'avait emporté sur Hoover par 59 % de suffrages, contre 41 % ; si l'échantillon formé par ceux qui avaient répondu avait été représentatif, on aurait dû retrouver une proportion voisine dans les bulletins-réponses : or les partisans de Hoover étaient en majorité ! La correction aurait été facile à faire.

Les sondages préélectoraux

C'est sans doute par la publication, dans la période qui précède les élections, de sondages présentés, ou compris, comme des prévisions que ceux-ci ont acquis leur plus grande popularité. Pour beaucoup d'instituts, c'est d'ailleurs une activité déficitaire, qui sert seulement à les faire connaître et apprécier. On peut en fait dater la découverte des sondages par les Français à décembre 1965, à l'occasion de l'élection du président de la République qui, pour la première fois, se faisait au suffrage universel : contre tous les observateurs, l'IFOP avait prévu le ballottage du général de Gaulle ; au lendemain du premier tour, un ministre déclarait en privé : « C'est un triomphe pour l'IFOP, sinon pour le général. »

Ces sondages sont également les plus contestés, comme en témoigne le débat qui s'est instauré, tant à la tribune du Parlement que dans les colonnes des journaux, lorsqu'il s'est agi, en juin 1977, de voter une loi réglementant leur publication dans les derniers jours d'une campagne électorale.

Il est d'abord important de préciser ce que ne sont pas les sondages préélectoraux : ce ne sont pas des prévisions, mais tout au plus une photographie de l'opinion à un moment donné de la campagne électorale, parfois même avant l'ouverture de cette campagne.

Rappelons le communiqué que les deux grands instituts français de sondage, l'IFOP et la SOFRES, ont publié en commun le 29 novembre 1967 :

« Le sondage est une photographie des tendances du corps

électoral à un instant donné : il ne décrit que le présent et doit, à ce titre, être nettement distingué de la prévision qui, en intégrant un certain nombre d'hypothèses, s'efforce de décrire l'avenir. Même lorsqu'il est réalisé quelques jours avant une élection, un sondage ne doit donc pas être considéré comme une prévision puisqu'il ne peut pas tenir compte des modifications de dernière heure dans les intentions de vote. »

On pourrait ajouter que les abstentionnistes sont également une cause d'erreur possible.

Certes, les sondages faits au tout dernier moment peuvent avoir l'allure de prévisions, dans la mesure où relativement peu d'électeurs se décident à l'ultime minute : cela présente alors un grand intérêt pour le chercheur puisque les résultats exacts des élections fournissent un test de l'exactitude des méthodes employées ; dans les sciences sociales, il est très rare qu'on dispose ainsi d'une possibilité de vérification expérimentale des théories et de leurs résultats. Il y a aussi une très forte pression pour que l'institut de sondage améliore ses méthodes statistiques dans la mesure où le retentissement d'une prévision exacte ou fausse risque de lui apporter la gloire ou le ridicule en quelques heures.

On se souvient encore de quelques erreurs retentissantes : la prévision du succès de Dewey contre Truman à l'élection présidentielle américaine de 1948, due aux délais excessifs de dépouillement de l'enquête — dix jours — qui ne permettaient pas de tenir compte des derniers jours de la campagne, et à quelques erreurs d'échantillonnage. Depuis, ces délais ont été réduits et surtout des mini-sondages de dernière minute permettent de rectifier les chiffres, comme l'Institut Gallup a pu le faire pour l'élection de 1956 où le général Eisenhower a gagné de très nombreuses voix dans les tout derniers jours à cause du soulèvement en Hongrie et de la crise du canal de Suez. En 1965 et 1969, les instituts de sondage d'Allemagne fédérale, Emnid et Allensbach, se sont lourdement trompés puisqu'ils prévoyaient un score très serré en 1965, alors que les chrétiens-démocrates remportèrent une victoire éclatante, et qu'ils pronostiquaient en 1969 la victoire des sociaux-démocrates, alors que leurs adversaires l'emportèrent de près de 4 %. Quant aux élections britanniques de 1970, elles furent une déroute pour la plupart des instituts de sondage de Grande-Bretagne :

	Travail-listes %	Conser-vateurs %	Libé-raux %	Divers %
Prévisions Gallup	49	42	7,5	1,5
Prévisions L. Harris	48	46	5	1
Prévisions NOP	48,2	44,1	6,4	1,3
Prévisions ORG	45,5	46,5	6,5	1,5
Résultats du vote	*43,8*	*46,1*	*2,4*	*7,7*

Ces erreurs sont toutefois assez rares et l'Institut américain d'opinion publique publie avec une certaine fierté ses scores depuis 1936 qui montrent, sur cette période entière, une erreur moyenne de 2,1 points de pourcentage, moyenne qui recouvre une réduction continue de l'erreur puisque, par décennies successives, les moyennes sont :

1936-1948	4,0
1950-1958	1,7
1960-1968	1,5
1970-1976	0,9

La « prévision » est infiniment plus difficile lorsqu'il s'agit d'un vote par circonscriptions séparées.

Il faut alors faire un sondage circonscription par circonscription, mais on se souvient que, pour obtenir la même précision qu'en interrogeant 1 500 personnes sur toute la France, il faut interroger aussi 1 500 personnes dans chaque circonscription, ce qui rend prohibitif le coût de l'opération. D'autres méthodes sont possibles, plus ou moins empiriques, qui s'apparentent plutôt à l'analyse politique qu'à la théorie des sondages.

Il ne faut pas oublier le « niveau de confiance » de 95 % adopté pour évaluer les fourchettes, ce qui explique en partie pourquoi des instituts différents donnent des chiffres légèrement différents pour des questions très semblables, et les changements de dernière minute sont toujours possibles. Lors de l'élection du président Jimmy Carter, l'Institut Gallup a fait

TABLEAU DES ULTIMES SONDAGES GALLUP

Année	Dernier sondage Gallup		Résultats officiels de l'élection	
	score %	annoncé	score %	élu
1984	58,0	Reagan	58,8	Reagan
1980	51,0	Reagan	50,7	Reagan
1976	48,0	Carter	50,0	Carter
1972	62,0	Nixon	61,8	Nixon
1968	43,0	Nixon	43,5	Nixon
1964	64,0	Johnson	61,3	Johnson
1960	51,0	Kennedy	50,1	Kennedy
1956	59,5	Eisenhower	57,8	Eisenhower
1952	51,0	Eisenhower	55,4	Eisenhower
1948	44,5	Truman	49,9	Truman
1944	51,5	Roosevelt	53,3	Roosevelt
1940	52,0	Roosevelt	55,0	Roosevelt
1936	55,7	Roosevelt	62,5	Roosevelt

une enquête sur la date à laquelle les électeurs avaient fixé leur choix ; le résultat est assez impressionnant :

le jour même du vote	12 %
dans les 2 ou 3 jours précédents	6 %
dans la quinzaine	7 %

tandis que 27 % avaient déjà fait leur choix avant même l'ouverture de la campagne électorale.

Il n'y a donc aucun danger de voir un jour les sondages remplacer les élections. Mais il existe un débat, aussi vieux que les sondages préélectoraux, sur l'influence que leur publication peut exercer sur les électeurs.

Remarquons tout d'abord que les prévisions électorales sont aussi vieilles que les élections elles-mêmes ; avant l'invention des sondages, les commentateurs politiques et les notables « prenaient le pouls » de l'opinion et annonçaient plus ou moins haut leurs pronostics. Mais nous retrouvons un phénomène connu : l'habillage scientifique des prévisions faites à l'aide de sondages les rend pour de nombreuses personnes plus impressionnantes. Cela va-t-il jusqu'à influencer les votes ?

De ce point de vue, deux théories également controversées et parfaitement opposées s'affrontent : la théorie *band wagon* et la théorie *underdog*.

La théorie du *band wagon* fait allusion au wagon dans lequel les candidats à la présidence parcouraient les États-Unis pour faire leur campagne électorale, à grand renfort d'orchestre *(band)* et d'attractions. L'expression correspond à peu près à l'expression française « prendre le train en marche » : selon cette théorie, l'annonce de la probabilité de succès d'un candidat pousserait les électeurs encore indécis à voler au secours de la victoire, et découragerait les partisans adverses en les poussant à s'abstenir, au nom du « à quoi bon ? ».

Cette théorie n'a jamais pu être prouvée par des observations incontestables. On peut même citer plusieurs faits qui la contredisent.

On a déjà fait allusion aux « votes de paille » réalisés par le journal *Literary Digest* pour les élections américaines : les prévisions faites par le journal pour les élections de 1920, 1924, 1928, et 1932 se révélèrent exactes, ce qui conduisit un membre du Congrès, Walter Pierce, à présenter une proposition de loi pour interdire la publication des résultats de sondages préélectoraux. L'échec retentissant de la prévision faite pour les élections de 1936 par le même journal a fait enterrer ce projet.

Si cette théorie était fondée, les sondages successifs devraient montrer que, au fur et à mesure de leurs publications, l'écart se creuse entre le candidat placé en tête et son concurrent moins heureux : or, c'est le contraire qui se produit le plus souvent.

Ce phénomène s'est produit en France, où Georges Pompidou, Valéry Giscard d'Estaing et François Mitterrand l'ont emporté malgré des sondages un moment défavorables. En outre, dans toutes les élections, il existe des candidats qui n'ont aucune chance d'être élus et que pourtant leurs partisans n'abandonnent pas au moment du vote. Lors des élections françaises de 1967, 40 % des électeurs avaient eu connaissance des prévisions faites par les instituts de sondage ; parmi eux,

3 % déclaraient que ces prévisions les avaient incités à voter pour la majorité, et exactement autant pour l'opposition.

En réalité, la plupart des hommes politiques croient à l'effet *band wagon* et assurent les électeurs de leur victoire ; comme les sondages ne peuvent pas leur donner raison à tous, ils préfèrent qu'on les interdise. De plus, ils se plaignent des effets des sondages sur ce que David Shaw appelle les trois M : l'argent *(money)*, le *moral* et les *media*. George Gallup a réfuté ces trois arguments.

L'argent tout d'abord : on a entendu des candidats se plaindre que leurs amis se montraient moins généreux si les sondages indiquaient qu'ils avaient peu de chances d'être élus ; mais quels étranges amis, qui ne donnent que parce qu'ils attendent en retour quelque faveur ! Ce serait, plutôt qu'un argument contre les sondages, un argument pour le financement public des campagnes électorales et l'interdiction des dons privés, projet dont plusieurs partis, tant de la majorité que de l'opposition, ont demandé la mise à l'étude en France : il faudrait un Martin Luther pour prêcher la Réforme et tonner contre la vente des indulgences !

Les sondages défavorables peuvent aussi saper le moral d'un candidat, du moins s'il avait des illusions sur lui-même ou sur ses chances ; mais c'est plutôt à son propre sens politique qu'il doit s'en prendre et, si son moral est à la merci d'une mauvaise nouvelle, pourquoi devrait-on lui faire confiance pour diriger le pays ?

Enfin, les candidats mal cotés craignent qu'en conséquence les journaux réduisent la place qu'ils leur consacrent. Mais c'est faire bon marché du droit imprescriptible des journaux à disposer de leurs espaces comme ils l'entendent : aucun sondage ne poussera *l'Humanité* à accorder beaucoup de place à Jacques Chirac ; c'est aussi oublier que, hormis les journaux de partis, les organes de presse se décident surtout d'après l'intérêt des informations : si un candidat a quelque chose d'important à dire, quelle que soit sa cote, il trouvera sans peine le moyen de le faire savoir.

C'est le gouverneur d'un État de l'Ouest américain qui a eu le jugement le plus sensé sur l'usage qu'un homme politique devrait faire des sondages préélectoraux : « S'ils me donnent vainqueur, je n'ai pas les moyens de les croire ; s'ils me donnent battu, je ne peux pas non plus me permettre de le croire. »

Les opérations-estimations

D'une nature toute différente sont les « opérations-estimations » telles qu'en mènent les soirs d'élections certaines stations radio. Nous avons déjà signalé l'ancêtre de ces opérations, menée en 1883 par le journal *Boston Globe* et pratiquée très couramment par la plupart des chaînes de télévision américaines. En Europe, c'est seulement en 1965, à l'occasion des élections présidentielles françaises, qu'une telle opération a été réalisée conjointement par l'IFOP et Europe n° 1.

Cette fois-ci, il ne s'agissait plus d'un sondage sur les intentions de vote mais sur les votes réellement émis par les électeurs : 300 bureaux de vote constituant un échantillonnage représentatif sont préalablement sélectionnés et étudiés : des observateurs y sont envoyés pour communiquer au centre de calcul les premiers résultats annoncés ; les estimations deviennent de plus en plus précises au fur et à mesure que le nombre des résultats communiqués augmente. Annonçant l'opération la veille dans le journal *France-Soir,* les responsables écrivaient : « Europe n° 1 et l'IFOP estiment qu'entre 22 heures et 22 h 30, soit deux heures après la fermeture des bureaux de vote, ils seront en mesure d'annoncer les résultats théoriques définitifs des élections présidentielles. Ceux-ci devraient être, paraît-il, à un centième près des résultats officiels définitifs. » Dans la réalité, les fourchettes annoncées par la station de radio, bien que remarquables, n'ont pas tout à fait répondu à ces espoirs (tableau page suivante).

On voit donc que la « nouvelle » du ballottage pouvait être annoncée dès 21 h 43 (fourchette 39/48 pour le général de Gaulle).

Il faut dire que ces opérations sont tout de même facilitées

Estimations		De Gaulle	Mitterrand	Lecanuet
n° 1	20 h 15	35/55	19/35	16/33
n° 2	20 h 37	36/54	22/35	16/29
n° 3	21 h 13	38/52	24/36	16/27
n° 4	21 h 43	39/48	26/34	15/24
n° 5	21 h 52	38/47	27/34	15/28
n° 6	22 h 09	40/46	28/34	15/22
n° 7	22 h 21	41/45	28/33	15/21
n° 8	22 h 35	42/45	28/32	16/20
n° 9	22 h 50	43/45	29/31	16,5/19

par le fait qu'en France les heures de fermeture des bureaux de vote sont échelonnées de 18 à 20 heures, ce qui fait qu'un important travail peut être réalisé avant même la fermeture des derniers bureaux. C'est ainsi qu'en 1981 au moment même où 20 heures sonnaient, Europe n° 1 annonçait la victoire de François Mitterrand (en prenant quelques risques, car toutes les fourchettes sont restées très tard à cheval sur la barre critique des 50 %) : on est alors plus proche du spectacle que de la statistique véritable ; écoutons Maurice Druon fulminer : « Les élections deviennent un jeu télévisé. On est surpris qu'il n'y ait pas un stade à gagner ou une piscine en prime pour la localité dont le " score " sera le plus proche du résultat national. »

Hélas, Maître, pourquoi ne pas vous être arrêté là, à cette condamnation d'un spectacle que vous jugez indécent à l'égard de l'État et humiliant pour le citoyen ? Pourquoi avoir ajouté : « Et d'abord, pourquoi cent soixante-treize communes ? Qu'est-ce donc qui les désigne comme témoins d'exactitude ? Il y a là quelque chose d'abaissant pour les citoyens d'autres villes et villages dont les bulletins dépouillés ne changeront presque rien, apparemment, aux premiers pourcentages publiés. »

Que la méthode représentative de l'échantillonnage statistique est donc difficile à expliquer aux hommes de lettres !

La caricature de la représentativité statistique, la recherche d'une localité représentant l'ensemble du pays mérite qu'on s'y attarde un instant. Tout pays, ou presque, a sa ville test, chérie des journalistes, dont la réputation est de voter comme le pays tout entier. En France, c'est souvent Briare (Loiret) qui est ainsi citée en exemple. Une plaisanterie qui circule chez les statisticiens américains raconte qu'un président fit appel à des spécialistes de plus en plus éminents pour lui fabriquer des échantillons représentatifs de l'opinion publique de plus en plus réduits : 4 000, puis 2 000, puis 800, puis 100 personnes. Jusqu'au jour où un spécialiste encore plus éminent réussit à lui proposer un échantillon composé d'une seule personne : le président lui-même !

Des études assez précises ont été faites aux États-Unis, où la même légende des comtés baromètres circule. Les États-Unis sont divisés en 3 068 comtés, et ce serait au contraire un hasard bien extraordinaire qu'il ne s'en trouve pas un grand nombre dont les votes aient reflété presque exactement les résultats des plus récents scrutins ; pour certains, c'est pure coïncidence, pour d'autres il y a une certaine représentativité dans la population du comté (proportions de groupes raciaux, religieux, socio-économiques voisines des proportions nationales), qui évoque, mais de très loin, un échantillon correctement stratifié : mais l'expérience dément tôt ou tard leur caractère représentatif, sans que cela puisse être prévu, si bien que la méthode a davantage un caractère anecdotique, une ville ou un comté étant plus facile à raconter ou à photographier qu'un véritable échantillon.

Mais revenons à nos « vrais » sondages : ils existent et on ne peut pas plus les supprimer que l'électricité ou le téléphone. Tout au plus, nous l'avons indiqué, faut-il qu'une déontologie évite les abus ou les déviations de cette technique.

Plus controversée est la question de la liberté de publication des sondages préélectoraux. Les statisticiens, on l'a vu, sont divisés sur l'effet que cette publication peut avoir sur les électeurs ; les hommes politiques le sont sur l'opportunité d'une interdiction et la durée de cette interdiction.

En Grande-Bretagne, en mai 1967, la commission de la Chambre des Communes chargée de la réforme électorale avait voté par 11 voix contre 6 une recommandation tendant à l'interdiction de la publication des résultats de sondage à la veille des élections. C'est sur l'avis du gouvernement de M. Harold Wilson que la Chambre des Communes rejeta ce projet, malgré l'avis favorable des présidents des deux partis. L'ancien Premier ministre indiqua, dans le *Britannica Book of the Year* de 1971, qu'il lui semblait improbable qu'une telle réglementation fût un jour adoptée par le Parlement britannique, surtout parce qu'elle n'empêcherait pas les sondages et les rumeurs incontrôlables de circuler, pouvant même conduire à des spéculations boursières.

De tels arguments contre l'interdiction de la publication de sondages à la veille d'élections ont été présentés dans tous les pays.

Aux États-Unis, c'est très régulièrement que, depuis les années vingt, des propositions de loi en ce sens sont déposées devant le Congrès : elles n'ont jamais abouti, la liberté de la presse et de l'information ayant toujours paru prioritaire.

En France même, le Sénat avait adopté, le 19 décembre 1972, une proposition de loi de M. Étienne Dailly interdisant la diffusion des sondages portant sur une élection future pendant une période de 20 jours précédant cette consultation, mais elle était demeurée en suspens en attendant son adoption par l'Assemblée nationale.

Le débat et les votes menés en juin 1977 à l'Assemblée nationale pour la réglementation ont d'ailleurs été empreints d'une certaine confusion.

Le rapporteur lui-même fit observer d'abord que le droit public français n'offre aucune garantie générale de la qualité et de l'objectivité de l'information. La loi ne sanctionne les fausses nouvelles faites de mauvaise foi que si elles troublent, ou sont susceptibles de troubler, l'ordre public. Sous cette mince réserve, chacun peut dire ce que bon lui semble et peut même induire son lecteur ou son auditeur en erreur. La réglementation qu'il propose apparaît justifiée par une autre raison, en étant rattachée à l'ensemble de la réglementation des campagnes électorales.

Dans quelque sens qu'il infléchisse les résultats, indiquait le rapporteur, le sondage fausse le jeu : sa publication invite l'électeur à tenir compte de l'opinion de ses voisins, et à due concurrence, son opinion personnelle s'estompe, son jugement tend à s'effacer derrière celui des autres ; s'instaurerait alors un phénomène grégaire de massification de l'opinion absolument contraire à la philosophie de la démocratie telle qu'elle a toujours été pratiquée en France.

Le Parlement n'a retenu aucun des contre-arguments présentés qui sont peu différents de ceux que nous avons notés à propos de débats analogues menés à l'étranger. C'est peut-être M. Claudius-Petit qui les a le mieux résumés à la tribune de l'Assemblée : « Première réflexion, déclara-t-il : si l'on devait organiser, contrôler et surveiller tout ce qui peut influencer les citoyens, si l'on voulait chercher à protéger le citoyen presque contre lui-même, vers quel régime irions-nous ? C'est pourquoi, finalement, je ne partage pas du tout la crainte exprimée tout à l'heure par un de nos collègues de voir disparaître la crédibilité des sondages. Le jour où l'on ne croira plus dans les sondages, cela signifiera que les citoyens auront retrouvé la plénitude de leur capacité de jugement. Deuxième réflexion : j'attire l'attention sur le fait qu'un sondage interdit sera beaucoup plus " meurtrier " s'il est diffusé à la manière des « samizdat » que les contestataires font circuler dans les pays de l'Est, où la contestation se fait sous le manteau et où elle a une puissance explosive puisqu'il suffit d'un ou deux hommes pour ébranler des pays qui comptent plusieurs centaines de millions d'habitants. Un sondage interdit, dont l'essentiel serait brièvement diffusé par les postes périphériques, aurait un impact infiniment plus redoutable que s'il était publié au grand jour. Et personne ne pourrait non plus en contrôler exactement la véracité. C'est pourquoi je suis, pour ma part, fermement opposé aux dispositions proposées. »

Après le vote de la loi qui finalement interdit la publication pendant une semaine avant chaque tour de scrutin, on a vu, fait rarissime, le président de l'Assemblée nationale, M. Edgar Faure, critiquer une loi votée : en effet, le 4 juillet 1977, il a déclaré : « C'est contraire à la liberté d'information et cela donne à penser qu'en France, on s'est engagé sur la voie de la répression. En fait, les sondages se passeront sous le manteau, les postes périphériques et les journaux étrangers les publieront. Alors, va-t-on interdire ces journaux en France ? »

Il est vrai que M. Edgar Faure avait été pris à revers puisque cinq jours plus tôt, dans son allocution de fin de session, il s'était réjoui que l'Assemblée ait repoussé « une conception répressive et contraignante en renonçant à la méthode obscurantiste qui procède par des interdictions d'ailleurs impossibles à faire respecter ». Hélas, on ne devrait jamais prononcer une allocution de fin de session avant la fin de la session, ne serait-ce qu'à quelques heures près. En effet, si les députés avaient bien rejeté l'interdiction en première lecture, ils se rallièrent, dans les dernières heures de la soirée, au texte du Sénat.

Tous les exemples rencontrés au long de cet ouvrage nous montrent combien est fragile le mécanisme par lequel on asservit en quelque sorte le hasard. Qu'il s'agisse de sondages, de statistiques, d'assurances, toute la théorie et tous les calculs supposent que seul le hasard intervient. L'indifférence, la négligence, le manque de soins, tout ce qu'on appelle habituellement « travailler au hasard » conduit à des résultats parfaitement inutilisables. Il faut au contraire s'attacher à l'élimination de toutes les causes qui ne sont pas le pur hasard : peut-être cette élimination ne sera-t-elle jamais complète ; du moins devons-nous nous attacher à la perfectionner sans cesse ; ce n'est pas payer trop cher un instrument aussi fécond de découverte et de connaissance.

Bibliographie

Il existe d'assez nombreux ouvrages d'initiation au calcul des probabilités : parmi eux, certains sont plus orientés vers telle ou telle application de la théorie et plusieurs ont été conçus pour les lecteurs n'ayant aucune formation mathématique supérieure à celle d'un bachelier en philosophie.

Les ouvrages plus spécialement destinés aux biologistes sont repérés par la lettre *B* ; on a repéré de manière analogue les ouvrages destinés aux économistes *(E)*, les ouvrages d'intérêt plus philosophique que mathématique *(F)*, les ouvrages plus généraux accessibles au niveau de mathématiques élémentaires *(M)*, ou d'une première année d'enseignement supérieur scientifique *(S)*.

Cette bibliographie n'a aucune prétention à l'exhaustivité : plusieurs des ouvrages cités contiennent d'ailleurs une bibliographie beaucoup plus développée. Nous voulons simplement permettre au lecteur intéressé par un aspect, même non technique, des questions évoquées ici, de les aborder moins superficiellement.

F J.-L. Boursin et P. Caussat, *L'Autopsie du hasard,* Paris, Bordas, 1973.

S J.-L. Boursin, *La Forme scientifique du mensonge,* Paris, Tchou, 1979.

S M.-J. Moroney, *Comprendre la statistique,* Paris, Marabout, 1981.

S S. Ehrlich et C. Flament, *Précis de statistique,* Paris, PUF, 1976.

E D. Schlachter, *De l'analyse à la prévision,* Paris, Études vivantes, 1980.

E M.-L. Lévy, *Comprendre les statistiques,* Paris, Éd. du Seuil, 1979.

M J. Klatzmann, *Attention, Statistiques,* Paris, la Découverte, 1985.

S R. Dupont et J.-P. Fleury, *Probabilités,* Paris, Vuibert, 1985.

B Y. Hebert, *Mathématiques, Probabilités, Statistiques,* Paris, Vuibert, 1979.

Table

Table des illustrations

BN/Seuil : p. 37, 85. — ISUP : p. 39, 115. — Giraudon : p. 53. — Kalvar/Magnum : p. 63. — Bulloz : p. 64. — Roger-Viollet : p. 75. — Gourset/Raphot : p. 88. — Jean Effel : p. 150.
Certaines illustrations ont été extraites de : Montessus, *Leçons élémentaires sur le calcul des probabilités :* p. 55 ; Hogben, *L'Univers des nombres :* p. 137 ; Girault, *Probabilités :* p. 143 ; Guitton, *Statistique et Économétrie :* p. 149 a, b.

IMPRIMERIE HÉRISSEY À ÉVREUX (EURE)
DÉPÔT LEGAL MAI 1986. Nº 9235 (39277)

Collection Points

SÉRIE SCIENCES

dirigée par Jean-Marc Lévy-Leblond